Design graphique: Ann-Sophie Caouette
Infographie: Chantal Landry
Traitement des images: Mélanie Sabourin
Révision: Agnès St-Laurent et Sylvie Massariol
Correction: Sylvie Tremblay

Catalogage avant publication de Bibliothèque et
Archives nationales du Québec et Bibliothèque et
Archives Canada

Côté, David, 1982-

   Crudessence : 100 recettes crues, croquantes et
craquantes

   ISBN 978-2-7619-3168-7

   1. Cuisine végétarienne. 2. Aliments crus.
3. Crudivorisme. I. Gallant, Mathieu, 1977-   . II. Titre.

TX837.C67 2011   641.5'636   C2011-941743-X

Suivez les Éditions de l'Homme sur le Web
Consultez notre site Internet et inscrivez-vous
à l'infolettre pour rester informé en tout temps
de nos publications et de nos concours en ligne.
Et croisez aussi vos auteurs préférés et l'équipe
des Éditions de l'Homme sur nos blogues!
EDITIONS-HOMME.COM

DISTRIBUTEURS EXCLUSIFS:

Pour le Canada et les États-Unis:
MESSAGERIES ADP*
2315, rue de la Province
Longueuil, Québec J4G 1G4
Téléphone : 450 640-1237
Télécopieur: 450 674-6237
Internet: www.messageries-adp.com
* filiale du Groupe Sogides inc.,
  filiale de Quebecor Media inc.

Pour la France et les autres pays:
INTERFORUM editis
Immeuble Paryseine, 3, Allée de la Seine
94854 Ivry CEDEX
Téléphone : 33 (0) 1 49 59 11 56/91
Télécopieur: 33 (0) 1 49 59 11 33
Service commandes France Métropolitaine
Téléphone : 33 (0) 2 38 32 71 00
Télécopieur: 33 (0) 2 38 32 71 28
Internet: www.interforum.fr
Service commandes Export – DOM-TOM
Télécopieur: 33 (0) 2 38 32 78 86
Internet: www.interforum.fr
Courriel: cdes-export@interforum.fr

Pour la Suisse:
INTERFORUM editis SUISSE
Case postale 69 – CH 1701 Fribourg – Suisse
Téléphone : 41 (0) 26 460 80 60
Télécopieur: 41 (0) 26 460 80 68
Internet: www.interforumsuisse.ch
Courriel: office@interforumsuisse.ch
Distributeur: OLF S.A.
ZI. 3, Corminboeuf
Case postale 1061 – CH 1701 Fribourg – Suisse
Commandes:
Téléphone : 41 (0) 26 467 53 33
Télécopieur: 41 (0) 26 467 54 66
Internet: www.olf.ch
Courriel: information@olf.ch

Pour la Belgique et le Luxembourg:
INTERFORUM BENELUX S.A.
Fond Jean-Pâques, 6
B-1348 Louvain-La-Neuve
Téléphone : 32 (0) 10 42 03 20
Télécopieur: 32 (0) 10 41 20 24
Internet: www.interforum.be
Courriel: info@interforum.be

Achevé d'imprimer au Canada

09-11

Dépôt légal: 2011
Bibliothèque et Archives nationales du Québec

ISBN 978-2-7619-3168-7

Gouvernement du Québec – Programme de crédit
d'impôt pour l'édition de livres – Gestion SODEC –
www.sodec.gouv.qc.ca

L'Éditeur bénéficie du soutien de la Société de
développement des entreprises culturelles du
Québec pour son programme d'édition.

Le Conseil des Arts du Canada
The Canada Council for the Arts

Nous remercions le Conseil des Arts du Canada de
l'aide accordée à notre programme de publication.

Nous reconnaissons l'aide financière du gouvernement du Canada par l'entremise du Fonds du livre
du Canada pour nos activités d'édition.

DAVID CÔTÉ ET MATHIEU GALLANT

Crudessence

PLUS DE 180 RECETTES CRUES, CROQUANTES ET CRAQUANTES

LES ÉDITIONS DE
L'HOMME

Une compagnie de Quebecor Media

Table des matières

LA SAVEUR DE NOTRE MISSION **7**

LE CRU DANS LE MONDE **10**

LES FONDEMENTS DE CRUDESSENCE **13**

TECHNIQUES **20**

USTENSILES **23**

RECETTES DE BASE **25**

BOISSONS **27**

SOUPES **39**

SALADES **53**

PÂTÉS **85**

FERMENTATION **95**

DÉSHYDRATATION **109**

ENTRÉES **127**

PLATS PRINCIPAUX **155**

DESSERTS **187**

REMERCIEMENTS **222**

INDEX DES RECETTES **223**

La saveur de notre mission

AU LIEU DE PARTIR EN GUERRE CONTRE LE NÉGATIF, NOUS AVONS CHOISI DE NOURRIR LE POSITIF ET DE CÉLÉBRER LA VIE.

 AINSI EST NÉE CRUDESSENCE.

Crudessence est née d'une pulsion de vie : d'un besoin de deux amis de partager leurs passions, leur vision commune et leurs expériences. Une propension à aller de l'avant, toujours plus loin, et à dépasser les limites confortables du connu vers une expérience de vie toujours plus riche et plus complète.

Après plusieurs années de voyages et d'études personnelles, nous souhaitions tous les deux partager nos expériences et notre vision du monde. Malgré un parcours très différent, nous avions la même impression : celle qu'il est possible de faire plus avec moins, et que l'être humain possède un potentiel inouï prêt à être développé.

Nous avons alors choisi de créer un projet en alimentation saine, proposant aux gens non seulement des produits et des services de grande qualité, mais surtout la possibilité de faire une expérience : celle de l'alimentation vivante. Cette aventure permet à l'explorateur qui ose la tenter de devenir un laboratoire vivant pour rapidement ressentir la puissance de la vie. L'expérience parle d'elle-même !

Les voyages nous ont donné une certaine perspective critique sur le monde dans lequel nous vivons et notre jeune âge nous autorise à une attitude légèrement révolutionnaire. Nous sommes sensibles, comme plusieurs d'entre vous, à la dégradation de l'environnement, à l'industrialisation de l'alimentation, à la détérioration de la santé publique et à tant d'autres problèmes actuels.

Cependant, nous constatons aussi l'émergence d'un profond désir de changement et d'une recherche sincère de solutions viables. C'est pourquoi il est maintenant possible d'effectuer une réelle transition dans nos styles de vie. Ainsi, nous avons senti l'appel de participer à cette vague de solutions positives et d'offrir le meilleur de nous-mêmes !

L'aventure Crudessence a commencé humblement à l'été 2007, sous forme d'un petit service de traiteur et de brasserie de kombucha (thé fermenté) (voir page 100). Un mélange équilibré de passion, d'intuition, de rencontres précieuses et de travail acharné, a rapidement transformé notre idée en une entreprise bien établie. Quatre ans plus tard, notre équipe de 70 employés s'occupe de propager notre joie de vivre dans deux restaurants et deux comptoirs santé, ainsi qu'un service de traiteur pour particuliers et entreprises. Crudessence compte également une boutique d'aliments sur Internet et dans chacun de ses établissements, une école de cuisine, *l'Académie de l'alimentation vivante*, avec un programme très élaboré et, finalement, une brasserie de kombucha qui distribue des boissons santé au Canada. Ouf ! Quelle croissance rapide, à croire que la vitalité de notre entreprise provient de la vitalité de notre alimentation ! Le carburant que nous consommons peut, en effet, nous mettre des bâtons dans les roues ou nous propulser.

En fait, le domaine alimentaire s'est imposé de lui-même comme un moyen privilégié pour passer un message. Nous sommes conscients que l'alimentation touche tous les aspects de la vie, tant économique que sociétale et environnementale. Mais encore, l'alimentation influence bien souvent notre état d'être. Notre santé physique et mentale ainsi que notre relation intrinsèque avec le vivant n'y sont-elles pas directement reliées ? Voilà pourquoi l'alimentation vivante devient un outil merveilleux pour changer le monde ! Et voilà que l'adage bien connu, paradoxalement simpliste, s'applique parfaitement :

NOUS SOMMES
CE QUE NOUS MANGEONS...

NOTRE FUTUR DÉPEND
DE CE QUE NOUS MANGERONS...

L'expérience de l'alimentation vivante nous porte rapidement à la conclusion que la qualité des aliments consommés engendre la qualité de la vie. Faites l'expérience ! Alimentez votre voiture avec une essence non raffinée et vous obtiendrez une piètre performance, de la pollution et l'encrassement du moteur. Carburez avec une essence raffinée, à indice d'octane élevé, vous aurez une performance surprenante, peu de pollution et un moteur propre... n'est-ce pas ?

Ou encore, construisez votre maison avec des matériaux usagés, des ouvriers peu qualifiés et de mauvais outils : elle vous coûtera peu, mais se détériorera rapidement. Au contraire, si vous construisez votre maison avec ce qu'il y a de mieux, vous en profiterez bien plus longtemps avec votre famille !

Aujourd'hui, nous vous proposons ce genre de logique dans votre assiette et dans votre corps. L'alimentation vivante est riche en nutriments, en enzymes, en minéraux, en protéines, en vitamines et contient aussi la vie elle-même. Tout ce qu'il vous faut pour grandir et réaliser votre plein potentiel !

Ça vous intéresse ? Nous vous proposons simplement d'essayer !

Mathieu et David

crudessence
biologique - végétalien - vivant

Le cru dans le monde

HISTOIRE DU MOUVEMENT ET DE SES ACTEURS PRINCIPAUX : LA VISION DE CRUDESSENCE
SUR L'ALIMENTATION PAR OPPOSITION AU DOGMATISME HABITUEL

DU CRUDIVORISME À L'ALIMENTATION VIVANTE

L'idée d'avoir une alimentation végétalienne sans cuisson ne date pas d'hier et l'homme est, en fait, le seul être sur terre à cuire ses aliments. Pourtant, la constitution physiologique de l'homme est certainement celle d'un primate. Son appareil digestif est conçu pour fonctionner de façon optimale avec la consommation de fruits, de légumes feuillus, d'algues, de noix et de graines. L'appareil digestif des primates ne convient pas à la grande consommation de viande ou de céréales, ni bien sûr aux produits chimiques, aux produits transformés ou génétiquement modifiés. La logique indubitablement parfaite et incontestable de la nature est notre maître et elle nous pousse à l'embrasser dans nos choix quotidiens.

L'homme a eu le génie de survivre à l'ère glaciaire grâce à la chasse et a développé les civilisations sédentaires grâce à la culture des céréales. La cuisson fut alors très utile pour transformer ces aliments, en détruire les bactéries pathogènes et aider à l'assimilation. Pour s'adapter, l'homme a adapté son environnement, mais son système digestif quant à lui ne s'est pas transformé.

Une fois la survie de l'homme assurée, la viande resta, mais elle n'était plus vitale : même le célèbre mathématicien de la Grèce antique, Pythagore, fonda une confrérie intellectuelle dans laquelle un régime végétarien était un préalable. Hippocrate, un de ses élèves, aujourd'hui considéré comme le père de la médecine, qui consommait, dit-on, un régime végétalien en majorité sans cuisson, déclara un jour : « Que ton aliment soit ton remède. » Une déclaration qui est encore tellement d'actualité !

Les céréales, qui ont si bien servi l'humanité en stabilisant la production locale et en instaurant la sécurité alimentaire, sont aujourd'hui sujettes à réinterprétation. Les verdures, les germinations, les fruits et les légumes sont bien plus denses en nutriments, plus digestes et curatifs que les grains. Les allergies et les intolérances grandissantes, notamment au gluten, n'en sont-elles pas un signe ? Nous ne parlons pas ici d'éliminer les grains, mais bien de leur redonner la place qui leur convient.

LA VISION DE CRUDESSENCE SUR L'ALIMENTATION VIVANTE
EST DIFFÉRENTE DE CELLE DU MOUVEMENT QU'ON APPELLE
LE « CRUDIVORISME ».

Aujourd'hui, le régime crudivore est devenu un sujet fort passionnant. On peut le voir à la fois comme une mode, puisqu'il est novateur et bouscule les vieilles idées, mais aussi en tant que mouvement social solide, puisqu'il est basé sur un raisonnement scientifique, qu'il répond à un besoin et porte un message d'espoir.

LA TENDANCE EST EN EFFET TRÈS FORTE : Plusieurs personnalités y adhèrent (Leonardo DiCaprio, Demi Moore, Woody Harelson, entre autres) et en vantent les bienfaits. Des centres de santé axés sur le crudivorisme émergent partout dans le monde, proposant cette alimentation au pouvoir curatif qui offre un surprenant taux de guérison (souvent bien au-delà de la médecine traditionnelle). On voit aussi apparaître dans les grandes villes du monde ces petites oasis vertes. Peu à peu, une communauté internationale se tisse, la littérature et les sites Web se multiplient. La grande vague de l'alimentation verte !

En Californie, berceau de bien des mouvements révolutionnaires, l'alimentation vivante ne fait pas exception. Déjà en 1990, des bars à jus et des restaurants crus y faisaient surface, invitant les Américains et le monde à découvrir les clés de cette science de la santé naturelle, dont voici les grands principes.

LA NOTION DU PH: L'équilibre chimique du corps est crucial. Les maladies dégénératives se développent naturellement dans un terrain acide et stagnant. La vie s'émancipe dans un terrain alcalin. Louis Pasteur expira sur son lit de mort en disant ces dernières paroles : « La maladie n'est rien, le terrain est tout. » Cette simple phrase illustre qu'en équilibrant son pH par le style de vie et l'alimentation, il est possible d'éviter l'inflammation et la dégénérescence.

L'IMPORTANCE DES ENZYMES: La cuisson détruit ces agents constructeurs de la vie, qui participent grandement à la digestion et à la réparation de notre corps. Les aliments crus, dans leur forme parfaite, regorgent d'enzymes. Certaines pratiques du crudivorisme, comme la fermentation et la germination, cherchent justement à multiplier et à conserver cette puissance enzymatique. Les meilleurs amis de la digestion, ce sont les enzymes !

L'ABONDANCE DE NUTRIMENTS: La cuisson détruit une grande partie des délicats nutriments des aliments. Vitamines, phytonutriments, enzymes, hormones, eau et sucres complets se retrouvent combinés dans des macromolécules que la cuisson abîme.

UNE SOURCE COMPLÈTE D'ACIDES AMINÉS: Le paradigme du besoin des protéines animales est chose du passé. La diététique actuelle comprend maintenant que les protéines sont des chaînes complexes d'acides aminés et qu'une alimentation végétalienne verte et diversifiée en regorge. Les protéines végétales contenues dans les légumes feuillus, les pousses et les légumineuses germées sont faciles à digérer et offrent donc un meilleur rendement énergétique. Consommer une grande variété de végétaux assure un apport de tous les acides aminés essentiels à la construction de protéines complètes.

LA DÉTOXIFICATION: Selon des recherches, le corps d'un Américain moyen accumule des métaux lourds, des produits chimiques et d'autres molécules inorganiques acidifiantes. La grande quantité de phytonutriments et de minéraux contenus dans les aliments crus aide les organes éliminatoires (côlon, reins, peau et poumons) à obtenir tout ce dont ils ont besoin pour faire leur travail, expulser ces toxines et retrouver la santé.

UNE MEILLEURE CIRCULATION SANGUINE: Grâce à la grande quantité d'eau et de chlorophylle consommées pendant un repas cru et à un apport en calories plus faible qu'un repas nord-américain classique, la digestion nécessite moins de sang, en laissant ainsi davantage pour la régénération et l'oxygénation des muscles et du cerveau.

UNE MULTIPLICATION DES NUTRIMENTS: Certaines techniques comme le trempage, la germination et la fermentation augmentent la valeur nutritive et la biodisponibilité des nutriments. Les vitamines se multiplient ; les gras et les protéines se simplifient.

LA CHLOROPHYLLE EST À LA BASE DE LA VIE: Ce pigment est vital sur la planète. Il transforme l'énergie solaire en sucre simple, en jumelant atomes de carbone et atomes d'hydrogène contenus dans l'eau, et rejette de l'oxygène. De notre côté, nous consommons ces sucres, puis l'oxygène, pour créer de l'énergie à l'intérieur de nos cellules et rejetons ainsi du carbone qui sera retransformé en sucre... la magie de la vie !

UN SURPLUS D'ÉNERGIE: Une fois bien nourri, la digestion facilitée, le pH équilibré et le corps détoxifié et régénéré, l'aventurier se retrouve avec une grande quantité d'énergie en surplus. Cette énergie est alors disponible pour réaliser ses rêves les plus fous et vivre pleinement ! Le plus compliqué n'est pas de changer son alimentation, mais bien de gérer toute cette énergie !

MANGER LA VIE SELON CRUDESSENCE

Par notre expérience directe, nous embrassons pleinement les principes du crudivorisme et en appliquons les préceptes dans nos cuisines. Cependant, à travers nos expériences personnelles et celles de milliers de nos étudiants et clients, nous prenons plaisir à extrapoler ces notions et à poser notre morceau du casse-tête.

 LE CRUDIVORISME EST POUR NOUS UNE DIÈTE... TANDIS QUE L'ALIMENTATION VIVANTE EST UN ART DE VIVRE.

UNE ALIMENTATION ÉCORESPONSABLE: Si les aliments crus dans notre assiette contribuent à la détérioration de la planète... peut-on les appeler «vivants»? L'alimentation vivante s'intéresse à l'empreinte écologique, économique et humaine des aliments. Une alimentation biologique, végétalienne et locale engendre, selon nous, un bien-être sans arrière-goût d'exploitation.

UN ACTE POLITIQUE RÉVOLUTIONNAIRE: Le pouvoir qu'ont les aliments de changer le monde en dirigeant le pouvoir d'achat vers des entreprises responsables est gigantesque. Nourrir l'économie locale et tisser de nouveaux liens économiques sont essentiels pour sortir de l'impasse de la mondialisation. Manger, c'est voter à chaque bouchée, une révolution en douceur, par l'assiette et par plaisir!

DEVENIR SON PROPRE NUTRITIONNISTE PAR LE RESSENTI: Crudessence invite les individus à «s'autonomiser» de la science de l'alimentation en faisant des expériences directes. Manger et écouter son corps. Ressentir les effets des aliments, et composer son alimentation personnelle, selon son ressenti, et non selon ce que les spécialistes, les médias ou les ouï-dire ont dicté. L'expérience est la clé de la liberté alimentaire. Il n'y a rien de plus satisfaisant que de se réveiller un matin et de sentir ce que son corps désire consommer.

PARTICIPER AU BIEN-ÊTRE GLOBAL: Notre entreprise est pour nous un moyen de participer à la transition de l'humanité vers des habitudes de vie plus saines. Nous avons grandement besoin de nous repositionner en tant que communauté pour un futur plus viable et responsable. Avec nos restaurants, nos boutiques, nos cours de cuisine et notre communauté active, nous nous engageons dans ce que nous considérons comme un avenir plus harmonieux pour tous. Ainsi, l'alimentation est une parfaite excuse pour s'engager!

UNE RECHERCHE ARTISTIQUE: Pour nous, l'art culinaire est un grand art! Un véhicule sensuel qui permet de nous nourrir de beauté et de plaisir. C'est pourquoi nous prenons plaisir à rendre l'alimentation saine si délicieuse et à inspirer les gens à retrouver le plaisir de cuisiner avec amour et de partager leurs repas. Manger sainement n'est pas seulement curatif, mais aussi récréatif, un jeu de recréation de notre vie!

- -

Bref, notre approche culinaire n'est pas une diète, un régime ni un dogme alimentaire. Il s'agit d'une philosophie et d'un art de vivre qui cherchent à redonner à l'individu le pouvoir de retrouver sa santé et sa joie de vivre, en changeant de perspective sur cet acte, apparemment banal, de se nourrir.

Nous ne voulons pas que vous deveniez à 100% crudivore et ne croyons pas que ce soit nécessaire. Nous ne vous encourageons d'ailleurs pas à changer vos habitudes du jour au lendemain, mais bien à prendre l'engagement de faire l'expérience. Doucement, le corps reconnaît et redemandera!

Rajouter doucement du bon est notre seule doctrine. Le superflu s'évanouira par lui-même. Une seule chose: soyez prêt à croquer dans la vie!

12

Les fondements de Crudessence

BIOLOGIQUE

Le corps humain, tout comme l'environnement, constitue un écosystème parfait en constante recherche d'équilibre. Certes, nous sommes les seuls responsables de l'équilibre de notre corps, mais nous sommes collectivement responsables de celui de notre environnement. Choisir et encourager l'agriculture biologique représentent pour nous le respect et le maintien de cette précieuse harmonie : la vie.

Évidemment, nous ne voulons pas d'ingrédients pétroliers dans notre assiette ou dans celle de nos enfants, ni dans l'air que nous respirons ou dans l'eau que nous buvons. Choisir le biologique est une action directe en ce sens.

Les aliments traditionnels, chargés d'engrais et de pesticides chimiques, souvent irradiés ou génétiquement modifiés, sont, selon l'industrie agroalimentaire, comparables en valeur nutritionnelle aux aliments biologiques. Pourtant, nous savons tous que ce qui détruit le sol et l'environnement se retrouvera, un jour ou l'autre, dans un aliment qui nuira directement ou indirectement à l'être humain et à l'écologie.

Un aliment vivant est pour nous un aliment qui a encouragé la vie sur son passage, de la graine à l'assiette, en passant par les travailleurs et aboutissant à chacune de nos cellules ; 100 % biologique est un idéal, certes, mais chaque pas dans cette direction est honoré !

LOCAL

Manger local est un acte très « vivant ». En encourageant directement les producteurs et les transformateurs de notre région, nous participons directement à la création du tissu social qui profite à tous. Les liens économiques locaux sont, en effet, les fibres d'un réseau important : donner du travail à notre communauté tout en investissant dans le développement durable de notre région et de notre pays.

Les aliments cultivés localement nous permettent d'éviter le transport outre-mer, le développement de la monoculture internationale et la spéculation alimentaire. En fait, chaque pays et chaque région devraient être souverains de leur alimentation sans, toutefois, se priver de l'agrémenter d'exotisme international. Les produits étrangers deviennent ainsi de délicieuses exceptions, et non pas les bases quotidiennes.

De plus, quel plaisir que de connaître personnellement son jardinier, qui est si fier de vous offrir ses créations ! Ou encore d'avoir son propre potager, plateau de jeunes pousses, jarres à germinations et à lactofermentations… Voilà l'avenue du micro-local. Crudessence est heureux de participer à un projet de jardin sur les toits de Montréal. Nos 150 bacs d'aujourd'hui seront sans doute aussi riches en légumes qu'en expérience !

RIEN CONTRE LA GLOBALISATION,
MAIS TOUT POUR LA LOCALISATION.

VÉGÉTALIEN

Aujourd'hui, grâce à Internet et à bon nombre de films dénonciateurs, les conditions de vie atroces du bétail destiné à l'alimentation ne sont plus un secret. La viande a bien mauvaise presse. Il appartient cependant à chacun de nous de faire le bilan de l'impact de notre consommation pour changer nos habitudes, si solidement ancrées.

Pour notre part, nous vous offrons de délicieuses solutions. Le monde végétal regorge de nutriments pour notre alimentation. Notre cuisine est alors complètement dénudée de produits de source animale et de ses dérivés. Et nos recettes, sans œufs, laits, beurres, fromages, fruits de mers ou autres, sont si bonnes que l'on oublie rapidement qu'elles sont végétaliennes.

Un petit rappel pour ceux qui passent subitement de l'alimentation carnivore à une alimentation végétale : privilégiez les légumes verts et les fruits frais, et évitez l'excès de pâtes alimentaires, pains, pommes de terre et fritures… Mangez vivant et vous y gagnerez tant !

SANS GLUTEN NI ALLERGÈNES

Avez-vous remarqué que, depuis peu, les allergies et les intolérances alimentaires ont augmenté de façon draconienne ? Le gluten, les arachides, les produits laitiers, le soya, les pesticides, les additifs chimiques, les colorants et le sucre raffiné sont de plus en plus montrés du doigt. Ces ingrédients, tant transformés par l'industrie alimentaire et surconsommés par la population, nous offrent peut-être un message… Il est temps de retourner au naturel !

ÉCONOMIQUEMENT ENGAGÉ

L'engrenage central de l'économie est l'alimentation. La bouffe mène le monde ! Et puisque chacun «vote» quotidiennement avec ses achats, nous nous sommes engagés dans ce secteur économique tels des révolutionnaires alimentaires. Puisque les choix des populations guident les tendances de l'industrie, nous avons la responsabilité commune de soutenir, par notre pouvoir d'achat, les entreprises qui encouragent le bien commun. Payer plus cher pour le bio-local est, de nos jours, une action chargée de sens, un acte qui parle. Une goutte d'eau inspirante qui participe significativement au torrent du changement.

C'est notre pouvoir d'achat qui nourrira le producteur, le grossiste et l'épicier et qui les obligera à respecter nos valeurs. Il est possible de nourrir simplement la vie, avec la reconnaissance de la puissance de nos choix.

LA MÉDECINE DANS MON ASSIETTE !

Eh oui ! Autrefois, alimentation et médecine ne faisaient qu'un. Aujourd'hui, nos végétaux sont modifiés pour être gorgés d'eau, colorés, plus sucrés, pour se conserver longtemps, résister aux herbicides et être esthétiquement parfaits. Malheureusement, ils n'ont pas été modifiés pour devenir plus nutritifs ou médicinaux.

Sur ce plan, nous ne pouvons compétitionner avec ce que la nature a cuisiné pour nous. Les superaliments, les herbes médicinales, les plantes sauvages et les «mauvaises herbes» sont de véritables trésors de nutrition. Non seulement ils poussent sans l'intervention de l'homme, mais ils sont extrêmement riches en nutriments et en composés chimiques bénéfiques. Bien souvent, ils sont à la fois nutritifs, préventifs et curatifs. Ils sont, après tout, à la base même de la pharmacopée.

Pas surprenant que tous les peuples de toutes les parties du monde possèdent une pharmacopée naturelle exhaustive et que ce précieux savoir se soit transmis de génération en génération. Aujourd'hui, il nous revient de préserver cet héritage et de le populariser.

Ainsi, vous trouverez dans ce livre bon nombre de «nouveaux» ingrédients anciens. La sagesse et les médecines qu'ils portent, se cachant souvent derrière leurs envoûtantes saveurs, seront mises à l'honneur… de quoi conserver sa santé sans quitter les plaisirs de la table !

Les graines, les grains et les noix

AMANDE
riche en calcium
et alcalinisante

NOIX DE GRENOBLE
riche en minéraux
et en vitamine B_6

CITROUILLE
protéine complète et
antiparasitaire

NOIX DE CAJOU
soyeuse et polyvalente

TOURNESOL
économique
et abondante
en vitamine E

PACANE
riche en zinc, effet positif
sur le cholestérol

LIN
oméga-3 et facilite
le transit intestinal

PISTACHE
riche en potassium
et en cuivre

SÉSAME
très riche
en calcium

NOIX DU BRÉSIL
préserve la forêt
amazonienne et
contient du sélénium

CHANVRE
graine locale contenant
tous les acides aminés

**NOIX DE
MACADAMIA**
contient
d'excellents
acides gras

QUINOA
grain alcalinisant
très protéiné

CHIA
gélifiant nutritif
champion en oméga

SARRASIN
protéine complète
facile à germer

Les sucrants

BEURRE DE COCO
flocons de noix de coco
en purée ; parfait pour
les desserts

JEUNE NOIX DE COCO
électrolytes naturels

**LAIT DE COCO
EN POUDRE**
texture soyeuse

CANNEBERGE
nettoyeur du
système urinaire
et antioxydant

NOIX DE COCO RÂPÉE
fibres et bons gras
saturés, polyvalents
en cuisine

BLEUET
antioxydant local

HUILE DE NOIX DE COCO
nutritive, antibactérienne,
facilement métabolisée

SIROP D'ÉRABLE
abondant en
minéraux

NECTAR D'AGAVE
sève de cactus
composée de fructose
et d'inuline

FIGUE
abondant en vitamine B_5
et en potassium

ABRICOT
riche en
bêtacarotène

STEVIA LIQUIDE
extrait concentré
de stevia

STEVIA
édulcorant
sans glucose

DATTE
sucrant polyvalent
et économique

Les superaliments

FÈVES DE CACAO
graines de cacao brutes riches
en magnésium

BAIES DE GOJI
très riches en vitamine C
et antioxydant

**BEURRE
DE CACAO**
abondant en vitamine E
et excellent pour la peau

POUDRE DE CACAO
antioxydant numéro 1
et stimulant

PHYSALIS
flavonoïdes,
pectine et
vitamine A

MÛRES BLANCHES
contiennent du resvératrol
et du fer

MATCHA
antioxydant
puissant et
énergisant

SPIRULINE
micro-algue riche en
protéine et en chlorophylle

POLLEN D'ABEILLES
40 % protéines,
aliment complet

CHLORELLE
micro-algue contenant
vitamine B_{12} et minéraux

MESQUITE
équilibre
la glycémie

MACA
adaptogène
hormonal et
aphrodisiaque

LUCUMA
probiotique
polysaccharide
et épaississant

Les méconnus

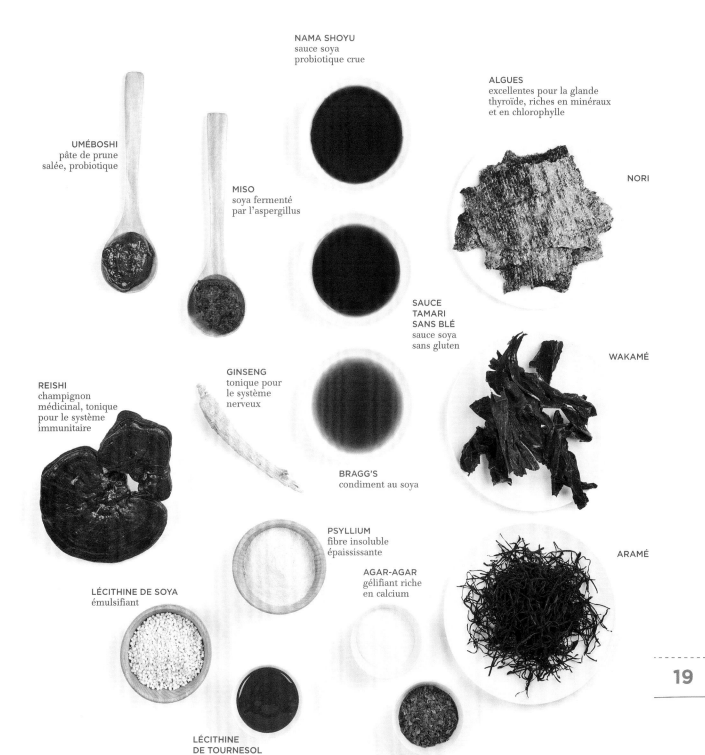

NAMA SHOYU
sauce soya
probiotique crue

ALGUES
excellentes pour la glande
thyroïde, riches en minéraux
et en chlorophylle

UMÉBOSHI
pâte de prune
salée, probiotique

MISO
soya fermenté
par l'aspergillus

NORI

**SAUCE
TAMARI
SANS BLÉ**
sauce soya
sans gluten

WAKAMÉ

GINSENG
tonique pour
le système
nerveux

REISHI
champignon
médicinal, tonique
pour le système
immunitaire

BRAGG'S
condiment au soya

PSYLLIUM
fibre insoluble
épaississante

ARAMÉ

AGAR-AGAR
gélifiant riche
en calcium

LÉCITHINE DE SOYA
émulsifiant

**LÉCITHINE
DE TOURNESOL**
émulsifiant
sans soya

GOÉMON

19

Techniques

TREMPAGE ET GERMINATION

La plupart des graines et des noix utilisées dans nos recettes sont préalablement trempées afin de démarrer le processus de germination. L'eau, principe clé de la vie, donne l'illusion à la semence qu'il pleut, et qu'il est donc temps de pousser afin de devenir une plante. Il est ainsi possible de jardiner en hiver, sur le comptoir de sa cuisine, et d'en soutirer bien des avantages.

Bienfaits de la germination :

- ÉLIMINATION DES INHIBITEURS D'ENZYMES CONTENUS NATURELLEMENT DANS LES SEMENCES;
- SIMPLIFICATION DES PROTÉINES EN ACIDES AMINÉS AINSI QUE DES GRAS EN ACIDES GRAS;
- HYDRATATION DE L'ALIMENT POUR UNE DIGESTION PLUS AISÉE;
- MULTIPLICATION DES VITAMINES;
- AUGMENTATION DE LA BIODISPONIBILITÉ DES NUTRIMENTS;
- DIMINUTION EN BESOINS ENZYMATIQUES DU PANCRÉAS;
- ÉCONOMIES BUDGÉTAIRES CONSIDÉRABLES;
- CRÉATION DE CHLOROPHYLLE.

LE RÊVE DE TOUTES LES GRAINES ET TOUTES LES NOIX

Le trempage représente la première partie de la germination, c'est-à-dire une activation des enzymes et un démarrage du processus de simplification. Celui-ci prend de 20 minutes à 12 heures, selon le type de semences. La germination, quant à elle, nécessite de 24 heures à plusieurs jours et transforme la semence en un aliment simple à digérer et extrêmement riche en minéraux et en nutriments.

GERMINATION EN BOCAL

USTENSILES
BOCAL DE VERRE (POT À CONFITURE)
FILTRE (PIÈCE DE MOUSTIQUAIRE FINE OU ÉTAMINE)
ÉLASTIQUE

Placer les graines au fond du bocal. Pour de petites semences (luzerne, trèfle, radis, etc.), utiliser 1 c. à soupe pour un bocal de 250 ml (1 tasse). Pour de grosses semences (lentilles, azuki, sarrasin, etc.), utiliser 80 ml (⅓ tasse) pour un bocal de 250 ml (1 tasse).

Fixer le filet sur l'embouchure avec un élastique, puis rincer les graines à l'eau tiède pour enlever toutes les poussières.

Remplir le bocal d'eau filtrée et laisser tremper 8 heures (une nuit) ou selon la période de trempage adéquate pour la semence (voir le tableau de trempage et de germination ci-contre).

Après le temps de trempage, vider l'eau, rincer, puis placer le bocal sur un égouttoir à vaisselle, ouverture vers le bas.

Rincer 2 ou 3 fois par jour, égoutter et replacer sur l'égouttoir. Les germinations doivent respirer. Laisser germer le temps requis, selon le type de graines.

Bien rincer, égoutter et déguster.

Garder au réfrigérateur de 4 à 7 jours.

NOTE:

● UNE EAU PURE EST ESSENTIELLE POUR LA PÉRIODE DE TREMPAGE. POUR LE RINÇAGE, L'EAU DU ROBINET PEUT SUFFIRE.

● L'OBSCURITÉ STIMULE LA CROISSANCE DES GERMINATIONS PENDANT LES PREMIERS JOURS. METTRE LE BOCAL DANS UNE ARMOIRE (À CONDITION QU'IL Y AIT UNE BONNE AÉRATION) OU SIMPLEMENT LE COUVRIR D'UN LINGE.

● APRÈS LE TROISIÈME JOUR, LA LUZERNE ET LE TRÈFLE PEUVENT ÊTRE RINCÉS UNIQUEMENT 1 FOIS PAR JOUR, POUR UNE CONSERVATION PROLONGÉE ET PLUS DE CROQUANT.

POUSSES SUR TERREAU

USTENSILES

CONTENANT DE 2 A 3 CM (DE 3/4 A 1 1/4 PO) DE PROFONDEUR (ASSIETTE PROFONDE, PLATEAU, ETC.)

TERRE DE QUALITÉ BIOLOGIQUE (IDÉALEMENT AVEC FUMIER DE VERS DE TERRE)

VAPORISATEUR

GRAINES BIOLOGIQUES AVEC ÉCALES: TOURNESOL, SARRASIN, BLÉ DUR, ORGE, CRESSON, BROCOLI, OIGNONS, CHOUX, ETC.

Commencer par faire tremper les graines en bocaux pendant 8 heures ou selon la période de trempage adéquate pour la semance (voir le tableau de trempage et de germination ci-dessous). Après le trempage, vider l'eau et rincer les graines. Elles sont désormais prêtes à être plantées à être plantées.

Remplir un contenant avec la terre, légèrement tassée. Vaporiser la surface du terreau pour qu'il soit humide.

Étendre les graines trempées avec une fourchette. Étaler bien serré, mais sans qu'elles se chevauchent.

Recouvrir avec un couvercle lourd, un plateau ou une assiette. Garder à l'obscurité de 1 à 2 jours, le temps que les racines s'enfoncent et que les têtes poussent le couvercle. Il n'est pas nécessaire d'arroser pendant cette période.

Retirer le couvercle, mettre les pousses en pleine lumière (néon ou soleil) et vaporiser le terreau 2 ou 3 fois par jour, jusqu'à ce qu'elles atteignent la longueur optimale (indiquée dans le tableau plus bas).

Enlever à la main les téguments (partie dure de la graine), couper au ciseau et déguster.

Les pousses se conserveront de 5 à 7 jours au réfrigérateur.

Tableau de trempage et de germination

VARIÉTÉ	TEMPS DE TREMPAGE (HEURES)	LONGUEUR DE LA POUSSE À LA RÉCOLTE (CM)	TEMPS DE GERMINATION (JOURS)
AMANDES ET NOIX	12	NE GERME PAS.	-
AMARANTE	2	1 – 3	0,5
AVOINE	12	2 – 3	0,5 - 1,5
AZUKI	12	2 – 3	1 - 2,5
GRAINES DE CITROUILLE	4	–	
GRAINES DE SÉSAME (DÉCORTIQUÉES)	4	–	1
GRAINES DE TOURNESOL (DÉCORTIQUÉES)	4	–	1
ÉPEAUTRE	10	1 – 3	0,5 - 1,5
FENUGREC	8	1 – 3	1,5 - 2,5
KAMUT	8	1 – 3	0,5 - 1,5
LENTILLES	8	1 – 3	1 - 2,5
LENTILLES CORAIL	6	2 – 4	1
LUZERNE	6	4 – 5	2,5 - 4
MILLET ENTIER	10	3 – 5	0,5
MUNGO (HARICOTS)	8	2 – 6	1,5 - 2,5
ORGE	12	3 – 4	0,5 - 1,5
POIS CHICHES	24	2 – 3	0,5 - 2,5
QUINOA	8	Đ – 1	0,5 - 3
SEIGLE	8	2 – 3	0,5 - 1,5
TRÈFLE	6	4 – 5	2,5 - 4
TRITICALE	16	2 – 3	0,5 - 1,5
RIZ SAUVAGE	36	NE GERME PAS.	-
SARRASIN (EN ÉCALE)	0,5	5 – 6	9

Tableau de jeunes pousses sur terreau

VARIÉTÉ	TEMPS DE TREMPAGE (HEURES)	LONGUEUR DE LA POUSSE À LA RÉCOLTE (CM)	TEMPS DE GERMINATION (JOURS)
BLÉ (DUR OU MOU)	8	5 – 6	20
BROCOLI	4 – 6	4 – 5	2,5
CAROTTE	4 – 6	8 – 9	4
CHOU	4 – 6	4 – 5	2,5
CRESSON	8	4 – 5	1,5
GRAINES DE TOURNESOL	8 – 10	8	5 – 6
(EN ÉCALE)	8 – 10	5 – 6	8
MAÏS	8 – 10	5 – 6	10
MOUTARDE	0,5 – 2	3 – 4	3,5
POIREAU	12	10 – 15	3 – 4
POIS VERTS	8 – 10	4 – 5	10
RADIS	6 – 8	3 – 4	3,5

LAITS DE NOIX

Du lait d'arbre au lieu du lait de vache ? Oui ! Les noix et les graines peuvent se transformer en délicieuses boissons santé ! Les laits végétaux crus, remplis d'enzymes, de vitamines et d'acides aminés, sont bien plus digestes et légers que les noix et les graines complètes.

Avec un mixeur, des noix ou des graines et un filtre, en deux temps trois mouvements, vous avez un lait de noix. Ces laits polyvalents se conserveront 4 jours au réfrigérateur et s'aromatiseront au goût du jour. Nous les retrouverons dans des recettes de smoothies ou pour accompagner granolas, desserts et boissons chaudes ; ils se transformeront même en lait à la vanille, aux fraises ou au chocolat ! Contrairement au lait de vache, de soya ou au lait de noix commercial et pasteurisé, les laits que vous préparerez à la maison seront vivants et très nutritifs. Nos laits favoris ? Le lait de chanvre et le lait de noisettes au chocolat… de purs délices !

PROCÉDURE EN BREF :

Faire tremper 250 ml (1 tasse) de vos noix ou graines préférées : amandes, noisettes, sésame, citrouille, noix du Brésil, pacanes, chanvre, etc., pendant 8 heures environ (ou une nuit).

Égoutter, puis rincer. Jeter l'eau de trempage.

Bien broyer, avec 1 litre (4 tasses) d'eau, dans un mixeur pendant 45 secondes.

Filtrer à l'aide d'un filtre à lait de noix ou d'une passoire fine.

Voilà, vous avez du lait ! Si vous l'aimez plus crémeux, augmentez la quantité de noix par litre d'eau.

La pulpe de graines ou de noix, obtenue dans le filtre, sera conservée au réfrigérateur ou déshydratée et utilisée comme farine pour d'autres recettes tels biscuits, gâteaux et autres.

FERMENTATION

La fermentation est un processus de multiplication des nutriments par une activité vivante microscopique. Les bactéries, les enzymes et les levures transforment, pour nous, les sucres simples en acides organiques, les protéines en acides aminés, tout en décuplant les vitamines et la digestibilité. La fermentation est aussi un mode de conservation efficace et un art culinaire qui offre une vaste palette de textures et de saveurs surprenantes. Les fermentations ont toutes en commun le renforcement du système immunitaire, le soutien de la flore intestinale et constituent une aide précieuse à la digestion.

Les avantages nutritionnels de la fermentation sont bien connus de plusieurs civilisations – choucroute, lactofermentation, kéfir, kombucha, yogourt et fromage de noix, miso, tamari, tempeh, etc., mais aussi pain au levain, charcuterie, bière, café et vin ! Les fermentations sont omniprésentes, bénéfiques et très accessibles. Chacun peut cultiver cette armée de microcuisiniers qui transforment les aliments pour la santé de tous. Un vaste monde à redécouvrir !

DÉSHYDRATATION

Autre processus culinaire ancestral, la déshydratation est un moyen efficace pour conserver l'intégralité nutritionnelle des aliments. En soutirant l'eau doucement par la ventilation à basse température (40 °C/105 °F), nous évitons la cuisson et, par le fait même, la destruction des enzymes et des délicats nutriments.

À l'aide du déshydrateur, nous créons non seulement des réserves faciles à conserver, mais aussi une grande panoplie de textures et de saveurs réconfortantes. En effet, la déshydratation permet de faire pains, craquelins, granolas, croustilles, crêpes, biscuits et collations santé diverses, qui convaincront les réfractaires à l'alimentation vivante. Le déshydrateur est un instrument économique, facile à utiliser, qui permet une grande créativité et une exploration culinaire sans fin.

Le déshydrateur vous aidera à :

- CONSERVER LES ALIMENTS ;
- CONSERVER LA VALEUR NUTRITIVE DES ALIMENTS ;
- FAIRE DES ÉCONOMIES EN SÉCHANT VOUS-MÊME DES ALIMENTS ACHETÉS EN SAISON ;
- CONSOMMER DES FRUITS SÉCHÉS SANS SULFITES NI SUCRE AJOUTÉ ;
- OBTENIR DES TEXTURES RECHERCHÉES GRÂCE À UN TEMPS DE SÉCHAGE VARIÉ ;
- IMITER LES TEXTURES CUITES ET CHARMER LA FAMILLE ;
- REMPLACER LES CÉRÉALES ET LES FARINES LOURDES PAR DES GRAINES GERMÉES ;
- RAVIVER VOTRE PASSION CULINAIRE.

Ustensiles

MIXEUR (OU MÉLANGEUR)

C'est l'ustensile principal et incontournable de notre cuisine vivante. Un mixeur conventionnel, de qualité moyenne, fera très bien l'affaire. Toutefois, si ce type d'alimentation vous sied bien, l'investissement de quelques centaines de dollars pour un bon mixeur ne sera jamais regretté ; dans ce cas, nous vous conseillons le même que nous utilisons dans nos cuisines, le Vitamix. Cet appareil peut broyer et donner une texture soyeuse à vos sauces, crèmes, soupes, smoothies, mousses, etc., en un rien de temps. De plus, vous pourrez faire facilement des farines et des beurres de noix. L'utilisation d'un moteur à si grande puissance transforme suffisamment les aliments pour en détruire certains nutriments. Bien que cela soit à prendre en considération, la quantité de verdures, de fruits et de légumes qu'un mixeur vous permettra de consommer dépasse grandement la perte de nutriments qu'occasionne son utilisation.

ROBOT CULINAIRE

Comme le robot culinaire permet de faire les pâtés, de préparer des desserts et d'apprêter les légumes pour vos salades, il facilitera grandement votre quotidien de cuisinier vivant. La plupart des marques feront très bien l'affaire ; choisissez-en un simple et solide qui durera longtemps. Nous utilisons, dans nos cours de cuisine, un robot acheté au plus bas prix possible pour démontrer qu'il est possible de faire des miracles avec un petit budget ! Le robot culinaire, tout comme le mixeur, facilite la digestion puisqu'il aide à la mastication. En effet, les légumes crus, les noix et les graines ont besoin d'une bonne mastication pour être pleinement digérés. Étant donné notre tendance à avaler nos aliments tout ronds, la préparation et le raffinement deviennent donc une étape essentielle compensant le manque de mastication !

DÉSHYDRATEUR

Bien qu'il existe plusieurs déshydrateurs sur le marché, nous recommandons l'Excalibur pour son efficacité et son excellent rendement. Les temps de déshydratation donnés dans ce livre sont pour un Excalibur. *Vous n'êtes toutefois pas obligé d'avoir un déshydrateur pour faire nos recettes.* Il est possible de déshydrater des aliments avec un four conventionnel, en laissant la porte entrouverte et en ajustant le thermostat à la température la plus basse possible. Certes, vous n'arriverez pas exactement au même résultat, mais vous serez en mesure de faire d'intéressants tests. Plusieurs fours à convection offrent maintenant l'option de déshydrater. Vous pourrez ainsi faire vos essais, puis considérer l'achat d'un vrai déshydrateur.

FEUILLES TEFLEX: Ce sont des feuilles de déshydratation perméables et antiadhésives sur lesquelles on peut verser un mélange liquide. Il est possible d'utiliser du papier ciré pour obtenir un résultat semblable, sauf pour certaines recettes trop collantes où il risque d'être difficile de le séparer de la préparation.

CENTRIFUGEUSE ET EXTRACTEUR À JUS

Les centrifugeuses sont composées de petites lames de métal qui déchiquettent les légumes et en extraient le jus par centrifugation. Elles conviennent bien pour tous les légumes racines, les pommes, les céleris, les concombres et les fruits juteux. Cependant, elles ne peuvent extraire le précieux jus des feuillus verts. L'extracteur à jus lent, à vis sans fin, fonctionne comme une presse à jus. Il permet d'extraire la chlorophylle des légumes feuillus sans créer de chaleur. L'extracteur lent convient à tout autre type de légumes et de fruits, et nous permet de consommer très facilement de grandes quantités de légumes, sans les fibres. Cependant, nous conseillons de consommer les fruits et légumes sucrés avec les fibres puisque celles-ci ralentiront la digestion et éviteront un déséquilibre du taux de sucre dans le sang. Mais en ce qui concerne les légumes non sucrés, il n'y a pas de limites. Votre corps vous remerciera de cette abondance de vitamines et de minéraux contenus dans ces jus verts alcalinisants.

MACHINE À COUPE SPIRALE

Cet appareil pratique et peu coûteux permet de tailler les légumes dans des formes étonnantes. En un instant, vous pouvez couper des courgettes ou tout légume dur en spaghettis, en demi-lunes ou en spirales, par exemple. Avec seulement un peu «d'huile de coude», vous pourrez rendre vos légumes attrayants aux yeux des plus récalcitrants et transformer vos plats en repas gastronomiques. On peut déguster les courgettes et les pommes telles quelles, mais il est préférable de faire dégorger les légumes plus durs – navet, betterave, patate douce, courge, daikon, radis noir, etc. – avant de les manger. Pour cela, il suffit de tailler ces derniers à votre goût, de leur ajouter du sel, puis de les laisser suer une quinzaine de minutes ; les légumes rendront ainsi une partie de leur eau et deviendront plus tendres. Bien les rincer sous l'eau courante pour enlever le sel et déguster !

LES JUS VERTS... VOILÀ LE VÉRITABLE SECRET DE JOUVENCE DE L'ALIMENTATION VIVANTE...

POUR OBTENIR DAVANTAGE D'INFORMATION SUR LES USTENSILES CULINAIRES, VISITEZ NOTRE SITE: WWW.CRUDESSENCE.COM

🍲 Recettes de base

Jus de gingembre

PRÉPARATION 10 MINUTES
DONNE 375 ML (1 1/2 TASSES)
USTENSILE EXTRACTEUR À JUS

300 G (3 TASSES) DE GINGEMBRE NON ÉPLUCHÉ, COUPÉ GROSSIÈREMENT

180 ML (3/4 TASSE) D'EAU

Passer le gingembre deux fois à l'extracteur à jus pour en extraire tout le jus.

Diluer le jus obtenu avec l'eau.

Pour congeler, il suffit de mettre le mélange dans des bacs à glaçons. Utiliser les glaçons obtenus dans les recettes.

Pour augmenter cette recette, il suffit de toujours mettre autant d'eau que le volume de jus de gingembre obtenu après l'extraction.

Se conserve 3 semaines au réfrigérateur ou 6 mois dans un bac à glaçons au congélateur.

Pâte de dattes

TREMPAGE 4 À 5 HEURES
PRÉPARATION 20 MINUTES
DONNE 850 G (6 1/2 TASSES)
USTENSILE ROBOT CULINAIRE

500 G (2 1/2 TASSES) DE DATTES FRAÎCHES OU SÉCHÉES, DÉNOYAUTÉES (CETTE RECETTE PEUT SE FAIRE DANS LES MÊMES PROPORTIONS AVEC N'IMPORTE QUEL FRUIT SÉCHÉ)

360 ML (1 1/2 TASSE) D'EAU

Dans un contenant, recouvrir les dattes d'eau et laisser tremper 2 heures. Bien écraser pour que toutes les dattes trempent. Recouvrir d'un poids si nécessaire.

Une fois les dattes bien ramollies, les passer avec leur eau de trempage au robot culinaire et mélanger jusqu'à l'obtention d'une pâte uniforme, collante et le plus lisse possible.

Se conserve 3 mois au réfrigérateur.

On utilise les dattes comme base de pâte de fruits, car elles sont sucrées, ont un goût relativement neutre et sont bon marché. Néanmoins, il est possible de faire des pâtes de fruits de la même manière en utilisant d'autres fruits séchés (raisins, canneberges, abricots, figues, etc.).

Sarrasin germé

TREMPAGE 30 MINUTES
PRÉPARATION 10 MINUTES
GERMINATION 24 À 36 HEURES
DÉSHYDRATATION ENVIRON 12 HEURES
DONNE 1,3 KG (6 1/2 TASSES) DE SARRASIN CRU
DONNE 1 KG (6 TASSES) DE SARRASIN GERMÉ DÉSHYDRATÉ
USTENSILE DÉSHYDRATEUR

Dans un grand contenant, recouvrir le sarrasin d'eau et laisser tremper 30 minutes.

Après le trempage, verser le sarrasin dans une passoire et bien rincer. Déposer la passoire dans un grand contenant pour récupérer l'excédent d'eau. Couvrir d'un linge propre : la germination va se faire dans la passoire.

Laisser germer 24 à 36 heures en rinçant 2 à 3 fois par jour. Le sarrasin va créer un mucilage et devenir visqueux. Cela est naturel et il n'est pas nécessaire de le rincer davantage pour enlever cet aspect gluant.

Le germe du sarrasin est prêt lorsqu'il a atteint la taille de la graine. Le sarrasin peut alors être utilisé tel quel, mais si l'on souhaite le conserver, il est préférable de le déshydrater.

Déshydratation : répartir le sarrasin sur des grilles du déshydrateur et mettre à sécher à 40 °C (105 °F) pendant 8 à 12 heures. Le sarrasin est assez sec quand la tige tombe en poudre sous la pression des doigts.

Se conserve humide, de 3 à 5 jours réfrigéré.

Se conserve sec, 4 mois à température ambiante dans un contenant hermétique.

Purée d'ail

PRÉPARATION ÉPLUCHAGE + 10 MINUTES
DONNE 300 G (1 1/2 TASSE)
USTENSILE ROBOT CULINAIRE

300 G (2 TASSES) D'AIL FRAIS, DÉCORTIQUÉ

120 ML (1/2 TASSE) D'HUILE DE TOURNESOL

Au robot culinaire, réduire les gousses d'ail et l'huile en une purée lisse.

Pour éplucher l'ail plus facilement : briser les têtes et faire tremper les gousses environ 1 heure dans de l'eau tiède.

Se conserve 3 semaines au réfrigérateur ou 6 mois au congélateur.

Boissons

Lait d'amandes pur

TREMPAGE 8 HEURES
PRÉPARATION 5 MINUTES
DONNE 1 LITRE (4 TASSES)
PORTIONS 4
USTENSILES MIXEUR ET FILTRE À LAIT

150 À 225 G (1 À 1 1/2 TASSE) D'AMANDES

1 LITRE (4 TASSES) D'EAU

Faire tremper les amandes pendant 8 heures, puis bien rincer. Jeter l'eau de trempage.

Au mixeur, broyer les amandes dans l'eau pendant quelques minutes, jusqu'à l'obtention d'un liquide blanc et crémeux. Si cela est nécessaire, commencer par broyer les amandes dans la moitié de l'eau.

Filtrer le lait obtenu avec un filtre à lait en nylon ou en coton. Réserver la pulpe pour des recettes futures ; elle se conservera au réfrigérateur pendant 5 à 7 jours. (tout comme le lait).

Se conserve 3 ou 4 jours au réfrigérateur dans un contenant hermétique.

Lait chanvré à la vanille

PRÉPARATION 5 MINUTES
DONNE 1 LITRE (4 TASSES)
PORTIONS 4
USTENSILE MIXEUR

120 G (1 TASSE) DE GRAINES DE CHANVRE ÉCALÉES

1 LITRE (4 TASSES) D'EAU

1 C. À CAFÉ (1 C. À THÉ) D'ESSENCE DE VANILLE SANS ALCOOL

2 C. À SOUPE DE NECTAR D'AGAVE OU DE SIROP D'ÉRABLE

1/8 C. À CAFÉ (1/8 C. À THÉ) DE SEL

Mettre tous les ingrédients au mixeur et réduire en un lait crémeux. Les graines de chanvre se dissolvant presque entièrement, il n'est donc pas nécessaire de filtrer le lait obtenu (voir p. 22).

Se conserve 3 ou 4 jours au réfrigérateur dans un contenant hermétique.

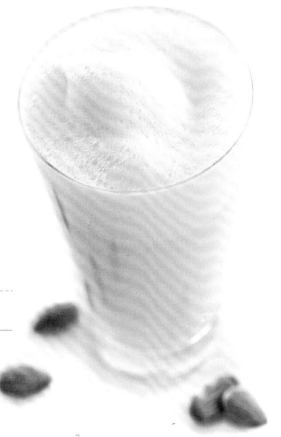

Lait du Brésil au goji

TREMPAGE **12 HEURES** (FACULTATIF)
PRÉPARATION 5 MINUTES
PORTIONS 4
USTENSILES MIXEUR ET FILTRE À LAIT

280 G (2 TASSES) DE NOIX DU BRÉSIL

40 G (1/3 TASSE) DE BAIES DE GOJI

1 LITRE (4 TASSES) D'EAU

2 C. À SOUPE DE NECTAR D'AGAVE

1 PINCÉE DE SEL DE MER

1/2 C. À CAFÉ (1/2 C. À THÉ) DE CANNELLE MOULUE

1/8 C. À CAFÉ (1/8 C. À THÉ) DE PIMENT DE CAYENNE MOULU (FACULTATIF)

Faire tremper les noix du Brésil pendant 12 heures (ce trempage est facultatif), puis bien rincer. Jeter l'eau de trempage. Faire tremper les baies de goji pendant 1 heure, puis égoutter. Conserver leur eau de trempage comme liquide pour un prochain smoothie.

Au mixeur, broyer tous les ingrédients pendant quelques minutes, jusqu'à l'obtention d'un liquide coloré et crémeux. Au besoin, commencer par broyer les noix du Brésil et les baies de goji dans la moitié de l'eau.

Filtrer le lait obtenu dans un filtre à lait en nylon ou en coton. Réserver la pulpe pour des recettes futures ; elle se conservera au réfrigérateur pendant 5 à 7 jours (tout comme le lait).

Se conserve 3 ou 4 jours au réfrigérateur dans un contenant hermétique.

Smoothie Macao

TREMPAGE **12 HEURES** (FACULTATIF)
PRÉPARATION 10 MINUTES
PORTIONS 2
USTENSILES MIXEUR ET FILTRE À LAIT

1 C. À SOUPE D'HUILE DE NOIX DE COCO FONDUE

45 G (1/3 TASSE) DE NOIX DU BRÉSIL

400 ML (1 2/3 TASSE) D'EAU

3 BANANES

30 G (1/4 TASSE) DE POUDRE DE CACAO

2 C. À CAFÉ (2 C. À THÉ) DE POUDRE DE MACA

4 C. À SOUPE DE PÂTE DE DATTES (VOIR P. 25) OU 4 DATTES DÉNOYAUTÉES

1/8 C. À CAFÉ (1/8 C. À THÉ) DE SEL DE MER

Faire tremper les noix du Brésil pendant 12 heures (ce trempage est facultatif), puis bien rincer. Jeter l'eau de trempage.

Faire un lait avec les noix du Brésil et l'eau (voir ci-contre).

Au mixeur, réduire le lait et le reste des ingrédients en un smoothie épais et lisse.

Pour déguster frais, utiliser des fruits préalablement congelés ou remplacer une partie de l'eau par des glaçons.

Se conserve 2 jours au réfrigérateur dans un contenant hermétique.

Smoothie La belle verte

PRÉPARATION 10 MINUTES
PORTIONS 2
USTENSILE MIXEUR

3 FEUILLES (ENVIRON 75 G) DE CHOU VERT FRISÉ (KALE)

25 G (½ TASSE) DE PERSIL FRAIS (FEUILLES ET TIGES),
BIEN TASSÉ

375 ML (1 ½ TASSE) D'EAU

1 ½ BANANE

150 G (1 TASSE) D'ANANAS EN MORCEAUX

3 C. À SOUPE DE PÂTE DE DATTES (VOIR P. 25)
OU 3 DATTES DÉNOYAUTÉES

30 G (¼ TASSE) DE GRAINES DE CHANVRE ÉCALÉES

⅛ C. À CAFÉ (⅛ C. À THÉ) DE SEL DE MER

Dans le mixeur, réduire le chou vert frisé, le persil et
l'eau, en une pâte verte.

Ajouter le reste des ingrédients et mélanger jusqu'à
l'obtention d'un smoothie lisse.

*Pour déguster frais, utiliser des fruits préalablement
congelés ou remplacer une partie de l'eau par des
glaçons.*

*Se conserve 2 jours au réfrigérateur dans un contenant
hermétique.*

Smoothie Loco local

PRÉPARATION 10 MINUTES
PORTIONS 2
USTENSILE MIXEUR

300 ML (1 ¼ TASSE) D'EAU

2 POMMES, ÉVIDÉES ET COUPÉES EN CUBES

75 G (½ TASSE) DE BLEUETS

75 G (½ TASSE) DE CANNEBERGES FRAÎCHES OU SÈCHES

6 FRAISES (100 G) ÉQUEUTÉES

1 C. À SOUPE DE SIROP D'ÉRABLE

Dans un mixeur, mettre tous les ingrédients et
mélanger jusqu'à l'obtention d'un smoothie lisse.

*Pour déguster frais, utiliser des fruits préalablement
congelés ou remplacer une partie de l'eau par des
glaçons.*

*Se conserve 2 jours au réfrigérateur dans un contenant
hermétique.*

Smoothie doux-vert

TREMPAGE **8 HEURES**
PRÉPARATION 15 MINUTES
PORTIONS 2
USTENSILES MIXEUR ET FILTRE À LAIT

50 G (1/3 TASSE) D'AMANDES NON PELÉES

375 ML (1 1/2 TASSE) D'EAU

2 BANANES

80 G (2 TASSES) D'ÉPINARDS

10 FEUILLES DE MENTHE

2 C. À SOUPE DE PÂTE DE DATTES (VOIR P. 25)
OU 2 DATTES DÉNOYAUTÉES

1/8 C. À CAFÉ (1/8 C. À THÉ) DE PIMENT DE CAYENNE MOULU

1/8 C. À CAFÉ (1/8 C. À THÉ) DE SEL DE MER

1/2 C. À CAFÉ (1/2 C. À THÉ) D'ESSENCE
DE VANILLE SANS ALCOOL

Faire tremper les amandes non pelées 8 heures. Bien rincer et jeter l'eau de trempage.

Faire un lait avec les amandes et l'eau (voir p. 28).

Au mixeur, réduire la moitié du lait et le reste des ingrédients en une pâte épaisse et uniforme.

Ajouter le lait restant et mélanger jusqu'à l'obtention d'un smoothie lisse.

Pour déguster frais, utiliser des fruits préalablement congelés ou remplacer une partie de l'eau par des glaçons.

Se conserve 2 jours au réfrigérateur dans un contenant hermétique.

Power smoothie

PRÉPARATION 5 MINUTES
PORTIONS 2
USTENSILE MIXEUR

35 G (1/4 TASSE) DE BEURRE DE NOIX DE COCO

2 C. À SOUPE DE PROTÉINE DE CHANVRE

2 C. À CAFÉ (2 C. À THÉ) DE POUDRE DE MACA

1 1/2 C. À SOUPE DE BAIES DE GOJI

1 1/2 C. À SOUPE DE MÛRES BLANCHES

500 ML (2 TASSES) D'EAU

1 1/2 C. À SOUPE DE GRAINES DE CHIA SÈCHES

1 C. À SOUPE DE POUDRE DE MESQUITE

2 ORANGES ÉPLUCHÉES

1 1/2 BANANE

FACULTATIF:

1 C. À CAFÉ (1 C. À THÉ) DE MACHA
OU 1 C. À SOUPE DE POLLEN D'ABEILLE

Au mixeur, réduire tous les ingrédients dans la moitié de l'eau en une pâte épaisse et uniforme.

Ajouter l'eau restante et mélanger jusqu'à l'obtention d'un smoothie lisse.

Pour déguster frais, utiliser des bananes préalablement congelées ou remplacer une partie de l'eau par des glaçons.

Se conserve 2 jours au réfrigérateur dans un contenant hermétique.

Jus vert dur

PRÉPARATION 5 À 10 MINUTES
PORTIONS 2
USTENSILE EXTRACTEUR À JUS

2 POMMES, OU 3 POUR UN JUS UN PEU MOINS
VERT ET PLUS SUCRÉ

1/2 BULBE (150 G) DE FENOUIL (AVEC LES FEUILLES)

50 G (1 TASSE) DE PERSIL (FEUILLES ET TIGES), BIEN TASSÉ

6 FEUILLES (150 G) DE CHOU VERT FRISÉ (KALE)

1 C. À CAFÉ (1 C. À THÉ) DE JUS DE GINGEMBRE
(VOIR P. 25) OU 1 C. À SOUPE DE GINGEMBRE HACHÉ

1/2 CITRON ÉPLUCHÉ

8 BRANCHES (400 G) DE CÉLERI

Passer tous les ingrédients à l'extracteur à jus.

Se conserve 1 jour au réfrigérateur dans un contenant hermétique.

Jus absolu

PRÉPARATION 5 À 10 MINUTES
PORTIONS 2
USTENSILES EXTRACTEUR À JUS OU CENTRIFUGEUSE

2 POMMES

1 BULBE (300 G) DE FENOUIL (AVEC LES FEUILLES)

1 GROS PAMPLEMOUSSE ROSE

4 BRANCHES (200 G) DE CÉLERI

Passer tous les ingrédients à l'extracteur à jus ou à la centrifugeuse.

Se conserve 2 jours au réfrigérateur dans un contenant hermétique.

Jus Hippocrate

PRÉPARATION 5 À 10 MINUTES
PORTIONS 2
USTENSILE EXTRACTEUR À JUS

150 G (3 TASSES) DE POUSSES DE POIS VERT

60 G (½ TASSE) DE CORIANDRE FRAÎCHE (FEUILLES ET TIGES), BIEN TASSÉE

160 G (1 TASSE) DE CONCOMBRE AVEC LA PEAU

10 BRANCHES (500 G) DE CÉLERI

½ CITRON ÉPLUCHÉ

POUR UN JUS UN PEU MOINS VERT ET PLUS SUCRÉ :

AJOUTER 1 POMME

Passer tous les ingrédients à l'extracteur à jus.

Se conserve 1 jour au réfrigérateur dans un contenant hermétique.

Jus red lips

PRÉPARATION 5 À 10 MINUTES
PORTIONS 2
USTENSILE EXTRACTEUR À JUS OU CENTRIFUGEUSE

2 POMMES

200 G DE BETTERAVE ROUGE (1 GROSSE BETTERAVE)

6 CAROTTES (500 G)

2 C. À CAFÉ (2 C. À THÉ) DE JUS DE GINGEMBRE (VOIR P. 25) OU 2 C. À SOUPE DE GINGEMBRE

Passer tous les ingrédients à la centrifugeuse ou à l'extracteur à jus.

Se conserve 2 jours au réfrigérateur dans un contenant hermétique.

Élixir inner jazz

PRÉPARATION 10 MINUTES
PORTIONS 2
USTENSILE MIXEUR

2 C. À CAFÉ (2 C. À THÉ) DE SPIRULINE OU 2 À 4 C. À SOUPE DE JUS D'HERBE DE BLÉ

1 BANANE

130 G (2/3 TASSE) D'ANANAS EN MORCEAUX

130 G (2/3 TASSE) DE CHAIR DE MANGUE

1 ORANGE ÉPLUCHÉE SANS LA MEMBRANE EXTERNE

375 ML (1 1/2 TASSE) D'EAU

1/2 C. À CAFÉ (1/2 C. À THÉ) DE GINGEMBRE HACHÉ

30 GOUTTES DE TEINTURE DE GINSENG (FACULTATIF)

Mettre tous les ingrédients au mixeur et réduire en un smoothie lisse.

Pour déguster frais, utiliser des fruits préalablement congelés ou remplacer une partie de l'eau par des glaçons.

Se conserve 2 jours au réfrigérateur dans un contenant hermétique.

Smoothie Fruit'alors

PRÉPARATION 5 MINUTES
PORTIONS 2
USTENSILE MIXEUR

1 C. À SOUPE D'HUILE DE COCO FONDUE

3 SUPRÊMES (50 G) DE PAMPLEMOUSSE

4 FRAISES (70 G) ÉQUEUTÉES

150 G (3/4 TASSE) DE CHAIR DE MANGUE

70 G (1/2 TASSE) DE FRAMBOISES

1/2 C. À CAFÉ (1/2 C. À THÉ) DE CARDAMOME MOULUE

3 C. À SOUPE DE PÂTE DE DATTES (VOIR P. 25) OU 3 DATTES DÉNOYAUTÉES

375 ML (1 1/2 TASSE) D'EAU

Mettre tous les ingrédients au mixeur et réduire en un smoothie épais et lisse.

Se conserve 2 jours au réfrigérateur dans un contenant hermétique.

Élixir beebuzz

TREMPAGE **8 HEURES**
PRÉPARATION 15 MINUTES
PORTIONS 2
USTENSILES MIXEUR ET FILTRE

75 G (1/2 TASSE) D'AMANDES NON PELÉES

625 ML (2 1/2 TASSES) D'EAU

3 BANANES

1 C. À CAFÉ (1 C. À THÉ) DE CURCUMA MOULU

1 C. À CAFÉ (1 C. À THÉ) DE POUDRE DE MESQUITE

1/4 C. À CAFÉ (1/4 C. À THÉ) DE CANNELLE MOULUE

1 C. À CAFÉ (1 C. À THÉ) DE POUDRE DE LUCUMA

1/8 C. À CAFÉ (1/8 C. À THÉ) DE PIMENT DE CAYENNE MOULU

1 C. À CAFÉ (1 C. À THÉ) DE JUS DE CITRON

1/2 C. À CAFÉ (1/2 C. À THÉ) D'ESSENCE DE VANILLE SANS ALCOOL

2 C. À CAFÉ (2 C. À THÉ) DE MIEL (BIOLOGIQUE ET NON PASTEURISÉ, DE PRÉFÉRENCE)

1 C. À SOUPE DE POLLEN D'ABEILLE

14 GOUTTES DE TEINTURE DE GINGKO BILOBA (FACULTATIF)

Faire tremper les amandes non pelées pendant 8 heures. Bien rincer et jeter l'eau de trempage.

Faire un lait avec les amandes et l'eau (voir p. 28).

Au mixeur, réduire le lait et le reste des ingrédients en un smoothie épais et lisse.

Pour déguster frais, utiliser des bananes préalablement congelées ou remplacer une partie de l'eau par des glaçons.

Se conserve 2 jours au réfrigérateur dans un contenant hermétique.

Lhassi à la pêche

PRÉPARATION 5 MINUTES
PORTIONS 2
USTENSILE MIXEUR

465 G (2 TASSES) DE YOGOURT DE NOIX (VOIR P. 107)

CHAIR DE 2 PÊCHES

2 C. À SOUPE DE NECTAR D'AGAVE

1/4 C. À CAFÉ (1/4 C. À THÉ) DE CARDAMOME MOULUE

250 ML (1 TASSE) D'EAU

Mettre tous les ingrédients au mixeur et réduire en une boisson crémeuse.

Se conserve 2 jours au réfrigérateur dans un contenant hermétique.

Chaï au reishi

PRÉPARATION 10 MINUTES
CUISSON **20 MINUTES**
DONNE 1 LITRE (4 TASSES)
USTENSILE MIXEUR

1 GOUSSE DE VANILLE, FENDUE EN DEUX SUR LA LONGUEUR (FACULTATIF)

2 ÉTOILES D'ANIS

½ C. À CAFÉ (½ C. À THÉ) DE CLOUS DE GIROFLE ENTIERS

½ C. À SOUPE DE RÉGLISSE EN MORCEAUX (FACULTATIF)

1 OU 2 BÂTONS DE CANNELLE

2 C. À SOUPE DE CHAMPIGNONS REISHI

2 C. À SOUPE DE BAIES DE GOJI

750 ML (3 TASSES) D'EAU

500 ML (2 TASSES) DE LAIT D'AMANDES PUR (VOIR P. 28) OU 500 ML (2 TASSES) D'EAU ET 135 G (1 TASSE) DE GRAINES DE CHANVRE ÉCALÉES

1 À 2 C. À SOUPE DE SIROP D'ÉRABLE (AU GOÛT)

SI ON N'UTILISE PAS DE GOUSSE DE VANILLE:

1 C. À CAFÉ (1 C. À THÉ) D'ESSENCE DE VANILLE SANS ALCOOL

Dans une casserole, mettre les épices, le champignon reishi, les baies de goji et l'eau. Couvrir, puis porter à ébullition. Enlever le couvercle et laisser réduire à feux très doux pendant 20 minutes, jusqu'à l'obtention d'un volume de liquide de 500 ml (2 tasses).

Laisser tiédir avant de filtrer le mélange.

Préparer le lait d'amandes pur ou passer le chanvre et l'eau au mixeur pour en faire un lait qu'il n'est pas nécessaire de filtrer.

Ajouter le lait obtenu à la décoction ainsi que le sirop d'érable (et l'essence de vanille, s'il y a lieu). Bien mélanger à l'aide d'un fouet.

Se conserve 3 jours au réfrigérateur dans un contenant hermétique.

Tisane nutritive

MACÉRATION **6 À 12 HEURES**
PRÉPARATION 5 MINUTES
DONNE 2 LITRES (8 TASSES)

1,75 LITRE (7 TASSES) D'EAU BOUILLANTE

30 G (1 TASSE) D'ORTIES SÈCHES OU 100 À 150 G (2 À 3 TASSES) D'ORTIES FRAÎCHES ET/OU, DANS LES MÊMES QUANTITÉS: PRÊLE, AVOINE, TRÈFLE OU TOUTE AUTRE HERBE NUTRITIVE SANS CONTRE-INDICATION ENTRE ELLES

Dans un contenant en verre de 2 litres (8 tasses), verser l'eau bouillante sur les herbes. Laisser infuser une nuit (6 à 12 heures). Filtrer.

Utiliser cette tisane froide comme liquide dans la préparation des laits et des smoothies.

Se conserve 5 jours au réfrigérateur dans un contenant hermétique.

Kombu mojito

PRÉPARATION 5 MINUTES
PORTIONS 2
USTENSILE MIXEUR

200 G (1 ½ TASSE) D'ANANAS

8 FEUILLES DE MENTHE MOYENNES

JUS DE ½ CITRON

1 C. À SOUPE DE NECTAR D'AGAVE

60 ML (¼ TASSE) D'EAU

250 ML (1 TASSE) DE KOMBUCHA (VOIR P. 100)

Dans un mixeur, mettre tous les ingrédients, sauf le kombucha, et réduire en un jus uniforme et lisse.

Verser dans les verres, puis ajouter le kombucha.

Se conserve 2 jours au réfrigérateur dans un contenant hermétique.

Chocolat chaud

PRÉPARATION 5 MINUTES
PORTIONS 2
USTENSILE MIXEUR

30 G (¼ TASSE) DE POUDRE DE CACAO

35 G (¼ TASSE) DE BEURRE DE NOIX DE COCO

4 C. À SOUPE DE PÂTE DE DATTES (VOIR P. 25)
OU 4 DATTES DÉNOYAUTÉES

40 G (¼ TASSE) DE NOIX DE CAJOU

500 ML (2 TASSES) D'EAU CHAUDE

POUR FAIRE UN CHOCOLAT ÉPICÉ, AJOUTER:

⅛ C. À CAFÉ (⅛ C. À THÉ) DE PIMENT DE CAYENNE MOULU

⅛ C. À CAFÉ (⅛ C. À THÉ) DE GINGEMBRE MOULU

⅛ C. À CAFÉ (⅛ C. À THÉ) DE CANNELLE MOULUE

⅛ C. À CAFÉ (⅛ C. À THÉ) D'ANIS MOULU

⅛ C. À CAFÉ (⅛ C. À THÉ) DE CLOU DE GIROFLE, MOULU

OU

POUR FAIRE UN CHOCOLAT AUX AMANDES, AJOUTER:

⅛ C. À CAFÉ (⅛ C. À THÉ) D'ESSENCE D'AMANDE

Mettre tous les ingrédients au mixeur et réduire en une boisson crémeuse.

Se conserve 2 jours au réfrigérateur dans un contenant hermétique.

Soupes

Velouté d'épinards aux pistaches

PRÉPARATION 10 MINUTES
PORTIONS 4
USTENSILE MIXEUR

500 ML (2 TASSES) D'EAU

100 G (2 1/2 TASSES) D'ÉPINARDS

1/2 AVOCAT

1/4 DE CITRON VERT

30 G (1/2 TASSE) DE CORIANDRE FRAÎCHE
(FEUILLES ET TIGES)

40 G (1/4 TASSE) DE PISTACHES

1 C. À CAFÉ (1 C. À THÉ) DE SEL DE MER

FACULTATIF : POUR CHAQUE PORTION
DE 250 ML (1 TASSE), AJOUTER :

1 C. À CAFÉ (1 C. À THÉ) DE CRÈME FRAÎCHE
(VOIR P. 177)

Au mixeur, réduire tous les ingrédients et la moitié de l'eau en une pâte épaisse et lisse.

Ajouter l'eau restante et mélanger pour obtenir une soupe crémeuse.

Pour déguster cette soupe chaude, remplacer l'eau froide par de l'eau chaude.

Se conserve 3 jours au réfrigérateur dans un contenant hermétique.

Crème de tomates

PRÉPARATION 15 MINUTES
PORTIONS 4
USTENSILE MIXEUR

375 ML (1 ½ TASSE) D'EAU

250 G (1 ½ TASSE) DE TOMATES
COUPÉES EN CUBES

150 G (1 ¼ TASSE) DE CAROTTE
COUPÉE EN PETITS CUBES

1 C. À SOUPE DE CORIANDRE FRAÎCHE
(FEUILLES ET TIGES)

½ C. À SOUPE DE JUS DE CITRON

75 G (½ TASSE) DE NOIX DE CAJOU

1 ½ C. À CAFÉ (1 ½ C. À THÉ) DE SEL
DE MER

1 C. À CAFÉ (1 C. À THÉ) DE POUDRE DE CHILI

Au mixeur, réduire tous les ingrédients et la moitié de l'eau en une pâte épaisse et lisse.

Ajouter l'eau restante et mélanger pour obtenir une soupe crémeuse.

Pour déguster cette soupe chaude, remplacer l'eau froide par de l'eau chaude.

Se conserve 3 jours au réfrigérateur dans un contenant hermétique.

Soupe carottes et cari

PRÉPARATION **20 MINUTES**
PORTIONS 4
USTENSILES MIXEUR ET EXTRACTEUR À JUS OU CENTRIFUGEUSE

125 ML (½ TASSE) DE JUS DE CAROTTES
(ENVIRON 5 CAROTTES)

250 ML (1 TASSE) DE JUS DE POMMES
(ENVIRON 3 POMMES)

½ CITRON ÉPLUCHÉ, MEMBRANE EXTERNE
(BLANCHE) ENLEVÉE

¼ C. À SOUPE DE GINGEMBRE OU
¼ C. À CAFÉ (¼ C. À THÉ) DE JUS DE
GINGEMBRE (VOIR P. 25)

100 G (¾ TASSE) DE CAROTTE,
ÉPLUCHÉE, COUPÉE EN CUBES

125 ML (½ TASSE) D'EAU

110 G (¾ TASSE) DE NOIX DE CAJOU

1 C. À CAFÉ (1 C. À THÉ) DE SEL DE MER

2 C. À CAFÉ (2 C. À THÉ) DE POUDRE DE CARI

Passer à l'extracteur à jus ou à la centrifugeuse les carottes, les pommes, le citron et le gingembre (si cela est nécessaire) jusqu'à l'obtention des quantités de jus désirées.

Au mixeur, réduire en purée les cubes de carottes avec l'eau.

Ajouter le jus de légumes et le reste des ingrédients au mixeur puis réduire en une soupe homogène.

Pour déguster cette soupe chaude, remplacer l'eau froide par de l'eau chaude.

Se conserve 3 jours au réfrigérateur dans un contenant hermétique.

42

Soupe à l'oignon

PRÉPARATION 5 MINUTES
PORTIONS 4

1 RECETTE D'OIGNONS CONFITS
(VOIR CI-DESSOUS)

BOUILLON

70 G (1/4 TASSE) DE MISO

60 ML (1/4 TASSE) DE SAUCE TAMARI SANS BLÉ

875 ML (3 1/2 TASSES) D'EAU CHAUDE

FACULTATIF

2 C. À CAFÉ (2 C. À THÉ) DE VIN ROUGE

5 CROÛTONS (VOIR P. 65)

Répartir les oignons confits dans les bols de service.

À l'aide d'un fouet, diluer le miso et la sauce tamari dans 250 ml (1 tasse) d'eau chaude.

Ajouter l'eau restante, puis le vin rouge et mélanger à nouveau.

Verser le bouillon dans les bols de service.

Se conserve 1 semaine au réfrigérateur dans un contenant hermétique.

Oignons confits pour soupe à l'oignon

PRÉPARATION 20 MINUTES
DÉSHYDRATATION **3 HEURES**
PORTIONS 4
USTENSILES DÉSHYDRATEUR, ROBOT CULINAIRE OU MANDOLINE

250 G (2 1/2 TASSES) D'OIGNON, COUPÉ EN
LAMELLES FINES

1 C. À SOUPE DE SAUCE TAMARI SANS BLÉ

1/4 C. À SOUPE D'HUILE DE TOURNESOL

2 C. À CAFÉ (2 C. À THÉ) DE THYM MOULU

1/4 C. À CAFÉ (1/4 C. À THÉ) DE POIVRE NOIR
MOULU

1/2 C. À CAFÉ (1/2 C. À THÉ) DE POUDRE DE CHILI

Couper les oignons en lamelles fines à l'aide de la lame à trancher d'un robot culinaire ou d'une mandoline.

Dans un saladier, mélanger les oignons à la main avec le reste des ingrédients.

Répartir sur des grilles et mettre au déshydrateur à 40 °C (105 °F) pendant 3 heures.

Se conserve 1 mois au réfrigérateur dans un contenant hermétique.

Soupe miso

PRÉPARATION 10 MINUTES
PORTIONS 2 REPAS OU 4 ENTRÉES
USTENSILE MIXEUR

1 RECETTE DE BOUILLON DE SOUPE MISO (VOIR CI-DESSOUS)

1 LITRE (4 TASSES) D'EAU CHAUDE

MÉLANGE DE LÉGUMES

30 G (¼ TASSE) DE BAIES DE GOJI

4 GROS CHAMPIGNONS BLANCS, TRANCHÉS

½ OIGNON VERT, COUPÉ EN RONDELLES FINES

20 G (¼ TASSE) DE WAKAMÉ OU D'ARAMÉ, COUPÉ EN PETITS MORCEAUX

Dans un grand contenant, verser le bouillon, ajouter l'eau chaude et mélanger à l'aide d'un fouet.

Répartir le mélange de légumes dans les bols de service.

Verser le bouillon par-dessus.

Se conserve de 5 à 7 jours au réfrigérateur dans deux contenants hermétiques séparés (légumes et bouillon).

Bouillon de soupe miso

70 G (¼ TASSE) DE MISO

60 ML (¼ TASSE) DE SAUCE TAMARI SANS BLÉ

1 C. À CAFÉ (1 C. À THÉ) DE JUS DE GINGEMBRE (VOIR P. 25) OU 2 C. À CAFÉ (2 C. À THÉ) DE GINGEMBRE

Au mixeur, lier le miso, la sauce tamari sans blé et le jus (ou les morceaux) de gingembre.

Bortch à la Cru

PRÉPARATION 25 MINUTES
PORTIONS 4
USTENSILE MIXEUR

1 BETTERAVE MOYENNE, RÂPÉE

Répartir la betterave râpée dans le fond de 4 bols de service.

BOUILLON

1/2 BETTERAVE MOYENNE, COUPÉE EN CUBES

1 TOMATE

25 G (1/4 TASSE) DE TOMATES SÉCHÉES

2 C. À SOUPE D'ANETH FRAIS, HACHÉ GROSSIÈREMENT

750 ML (3 TASSES) D'EAU

25 G (1/4 TASSE) D'OIGNON ROUGE, COUPÉ GROSSIÈREMENT

1 C. À SOUPE DE JUS DE CITRON

2 C. À SOUPE D'HUILE D'OLIVE

1 C. À SOUPE DE NECTAR D'AGAVE

1/8 C. À CAFÉ (1/8 C. À THÉ) DE CLOU DE GIROFLE MOULU

FACULTATIF

30 G (1/4 TASSE) DE CRÈME FRAÎCHE (VOIR P. 177) OU DE YOGOURT DE NOIX (VOIR P. 107)

Mettre tous les ingrédients du bouillon au mixeur et réduire en une soupe uniforme et sans morceaux. Verser dans les bols.

Décorer de crème fraîche ou de yogourt, si désiré.

Se conserve 3 jours au réfrigérateur dans un contenant hermétique.

Crème de champignons

PRÉPARATION 10 MINUTES
PORTIONS 4
USTENSILE MIXEUR

250 G (2 ½ TASSES) DE
CHAMPIGNONS BLANCS

3 C. À SOUPE D'OIGNON ROUGE

2 C. À SOUPE DE JUS DE CITRON

1 C. À SOUPE DE MISO

1 C. À SOUPE DE SAUCE TAMARI SANS BLÉ

150 G (1 TASSE) DE NOIX DE CAJOU

1 C. À CAFÉ (1 C. À THÉ) DE SEL DE MER

1 C. À SOUPE DE ROMARIN SEC

700 ML (2 3/4 TASSES) D'EAU

Au mixeur, réduire tous les ingrédients, sauf le romarin, et la moitié de l'eau en une pâte épaisse et lisse.

Ajouter l'eau restante et mélanger pour obtenir une soupe crémeuse.

Ajouter le romarin et mélanger brièvement pour l'incorporer tout en conservant des petits morceaux.

Pour déguster cette soupe chaude, remplacer l'eau froide par de l'eau tiède.

Se conserve de 5 à 7 jours au réfrigérateur dans un contenant hermétique.

46

Soupe tonkinoise

PRÉPARATION **25 MINUTES**
PORTIONS 4
USTENSILES MIXEUR, MACHINE À COUPE SPIRALE OU MANDOLINE

MÉLANGE DE LÉGUMES

200 G DE COURGETTE,
COUPÉE EN SPAGHETTIS (1 MOYENNE)

60 G (1/2 TASSE) DE CAROTTE, RÂPÉE

2 C. À SOUPE D'OIGNON VERT, HACHÉ

30 G (1/2 TASSE) DE CORIANDRE
FRAÎCHE, HACHÉE

4 TRANCHES DE CITRON VERT (FACULTATIF)

BOUILLON

1 C. À CAFÉ (1 C. À THÉ) DE CUMIN MOULU

JUS DE 1/2 CITRON

80 ML (1/3 TASSE) DE SAUCE TAMARI
SANS BLÉ

1/2 C. À CAFÉ (1/2 C. À THÉ) DE PURÉE D'AIL,
(VOIR P. 25) OU 1/2 GOUSSE D'AIL,
HACHÉE FIN

2 1/2 C. À SOUPE DE NECTAR D'AGAVE

1 C. À CAFÉ (1 C. À THÉ) DE SEL DE MER

3/4 C. À CAFÉ (3/4 C. À THÉ) DE POUDRE
DE CARI

1/8 C. À CAFÉ (1/8 C. À THÉ) DE PIMENT
DE CAYENNE MOULU

1 C. À CAFÉ (1 C. À THÉ) DE JUS DE GINGEMBRE
(VOIR P. 25) OU 1 C. À SOUPE DE GINGEMBRE,
HACHÉ FIN

1 LITRE (4 TASSES) D'EAU CHAUDE

À l'aide d'une mandoline ou d'une machine à coupe spirale, faire des spaghettis de courgettes et préparer les autres ingrédients du mélange de légumes. Réserver.

Mélanger tous les ingrédients au mixeur ou au fouet.

Verser le bouillon dans un grand contenant, ajouter l'eau chaude et mélanger à l'aide d'un fouet.

Répartir les légumes dans le fond des bols et verser le bouillon par-dessus.

Se conserve 4 jours au réfrigérateur dans deux contenants herméti-ques séparés (légumes et bouillon).

Soupe musquée à la coriandre

PRÉPARATION 15 MINUTES
PORTIONS 4
USTENSILE MIXEUR

10 BRANCHES DE CORIANDRE FRAÎCHE
(FEUILLES ET TIGES)

500 ML (2 TASSES) D'EAU

250 G DE COURGE MUSQUÉE (BUTTERNUT),
ÉPLUCHÉE (1/4 COURGE MOYENNE)

50 G (1/2 TASSE) DE CÉLERI

25 G (1/4 TASSE) D'OIGNON

50 G (1/3 TASSE) DE POIVRON ROUGE

1/2 AVOCAT

2 C. À SOUPE DE SAUCE TAMARI SANS BLÉ

Au mixeur, réduire tous les ingrédients, sauf la coriandre, et la moitié de l'eau en une pâte épaisse et lisse.

Ajouter l'eau restante et mélanger pour obtenir une soupe crémeuse.

Ajouter la coriandre et mélanger brièvement, par pulsations, pour l'incorporer tout en conservant des morceaux de feuilles.

Pour déguster cette soupe chaude, remplacer l'eau froide par de l'eau chaude.

Se conserve 3 jours au réfrigérateur dans un contenant hermétique.

Kale soupe

PRÉPARATION 5 MINUTES
PORTIONS 4
USTENSILE MIXEUR

5 FEUILLES (75 G) DE CHOU VERT FRISÉ
(KALE) ET/OU D'ÉPINARDS ET/OU DE BETTES
À CARDES ET/OU DE PISSENLITS, ÉQUEUTÉES
ET HACHÉES AU COUTEAU

CHAIR DE 1 AVOCAT

60 G (1 TASSE) DE POUSSES DE TOURNESOL
ET/OU DE TRÈFLE

30 G (¼ TASSE) DE GRAINES DE CHANVRE
ÉCALÉES

625 ML (2 ½ TASSES) D'EAU OU DE TISANE
NUTRITIVE (VOIR P. 36)

1 CITRON, ÉPLUCHÉ AU COUTEAU,
MEMBRANE EXTERNE (BLANCHE) ENLEVÉE

1 C. À CAFÉ (1 C. À THÉ) DE GRAINES DE
CORIANDRE MOULUES

2 C. SOUPE DE SAUCE TAMARI SANS BLÉ
OU DE NAMA SHOYU

Mettre tous les ingrédients au mixeur. Broyer jusqu'à l'obtention d'une soupe épaisse et lisse.

Se conserve 1 jour au réfrigérateur dans un contenant hermétique.

Gazpacho

PRÉPARATION 10 MINUTES
PORTIONS 4
USTENSILE MIXEUR

500 G DE TOMATES (ENVIRON 3 MOYENNES)

50 G DE POIVRON ROUGE
(ENVIRON 1/3 DE POIVRON)

75 G DE CONCOMBRE, ÉPLUCHÉ
(ENVIRON 1/4 DE CONCOMBRE)

2 C. À SOUPE D'OIGNON ROUGE

CHAIR DE 1/2 AVOCAT

1/4 C. À CAFÉ (1/4 C. À THÉ) DE PURÉE D'AIL
(VOIR P. 25) OU 1/2 GOUSSE D'AIL

2 C. À SOUPE D'HUILE D'OLIVE

1/2 C. À CAFÉ (1/2 C. À THÉ) DE SEL DE MER

1/2 C. À CAFÉ (1/2 C. À THÉ) DE VINAIGRE
DE CIDRE DE POMME

1/2 C. À CAFÉ (1/2 C. À THÉ) DE SIROP
D'ÉRABLE

125 ML (1/2 TASSE) D'EAU

Mettre la moitié des tomates, du poivron, du concombre et de l'oignon, ainsi que le reste des ingrédients au mixeur. Réduire en une purée uniforme et onctueuse.

Couper les légumes restants en une très fine macédoine et les incorporer à la soupe.

Se conserve 2 ou 3 jours au réfrigérateur dans un contenant hermétique.

Soupe maelström

PRÉPARATION 10 MINUTES
DÉSHYDRATATION **1 HEURE**
PORTIONS 4
USTENSILES MIXEUR ET DÉSHYDRATEUR

LÉGUMES

140 G (1 TASSE) DE COURGETTE,
COUPÉE EN BRUNOISE

100 G (1 TASSE) DE CHAMPIGNONS,
COUPÉS EN BRUNOISE

80 G DE TOMATE, COUPÉE EN BRUNOISE
(1/2 TOMATE MOYENNE)

60 G (3/4 TASSE) DE BROCOLI,
COUPÉ EN BRUNOISE

25 G (1/4 TASSE) D'OIGNON ROUGE,
COUPÉ EN BRUNOISE

1/2 C. À CAFÉ (1/2 C. À THÉ) DE SEL
DE MER FIN

1/8 C. À CAFÉ (1/8 C. À THÉ) DE POIVRE
NOIR MOULU

1 C. À SOUPE D'ESTRAGON, FRAIS OU SEC

BOUILLON

1 CITRON VERT, ÉPLUCHÉ AU COUTEAU,
MEMBRANE EXTERNE (BLANCHE) ENLEVÉE

70 G (1/4 TASSE) DE MISO

250 G DE TOMATE, COUPÉE EN GROS DÉS
(1 1/2 TOMATE MOYENNE)

500 ML (2 TASSES) D'EAU CHAUDE

Mélanger tous les légumes avec le sel, le poivre et l'estragon, puis les placer sur une grille. Les déshydrater à 40 °C (105 °F) pendant 1 heure.

Au mixeur, réduire tous les ingrédients solides du bouillon en une pâte liquide et uniforme. Verser dans un bol et ajouter l'eau chaude. Mélanger au fouet pour uniformiser.

Répartir les légumes dans le fond des bols de service et verser le bouillon par-dessus.

Les légumes peuvent être remplacés par tout autre légume au choix.

Se conserve 3 jours au réfrigérateur dans deux contenants hermétiques séparés (légumes et bouillon).

Salades

Salade kale de Noël

1 KG DE CHOU VERT FRISÉ (KALE),
(40 TIGES ENVIRON)

1 1/2 C. À CAFÉ (1 1/2 C. À THÉ) DE SEL
DE MER

1/2 C. À CAFÉ (1/2 C. À THÉ) DE CUMIN

1/8 C. À CAFÉ (1/8 C. À THÉ) DE POIVRE NOIR
MOULU

2 1/2 C. À SOUPE DE VINAIGRE BALSAMIQUE

60 ML (1/4 TASSE) D'HUILE D'OLIVE

500 G DE CHOU-FLEUR, COUPÉ EN PETITS
DÉS (1/2 CHOU-FLEUR MOYEN)

200 G (1 1/2 TASSE) DE POIVRON ROUGE,
COUPÉ EN JULIENNE

30 G (1/4 TASSE) D'OIGNON ROUGE,
COUPÉ EN TRÈS FINES RONDELLES

2 C. À SOUPE DE NOIX DE PIN

Équeuter le chou : en tenant l'extrémité de la tige d'une main, tirer fermement de l'autre main pour en séparer les feuilles. Conserver les tiges pour une recette de jus. Couper les feuilles de chou en fines lamelles.

Masser le chou vert frisé avec ½ c. à café (½ c. à thé) de sel marin pour l'attendrir. Réserver.

Mélanger au fouet le sel restant, le cumin, le poivre noir, le vinaigre balsamique et l'huile d'olive.

Dans un saladier, mélanger le chou vert frisé, la vinaigrette et le reste des ingrédients.

Idéalement, préparer cette salade 1 ou 2 heures à l'avance. De cette manière, le chou continuera à dégorger et la salade libérera toute sa saveur.

Se conserve 5 jours au réfrigérateur dans un contenant hermétique.

Fleur de taboulé

PRÉPARATION 20 MINUTES
PORTIONS 4
USTENSILE ROBOT CULINAIRE

500 G DE CHOU-FLEUR, RÂPÉ AU ROBOT CULINAIRE (½ CHOU-FLEUR MOYEN)

200 G (1 TASSE) DE TOMATES, COUPÉES EN PETITS CUBES

150 G (3 TASSES) DE PERSIL FRISÉ FRAIS, HACHÉ FIN

50 G (⅓ TASSE) D'OIGNON ROUGE, CISELÉ, BIEN TASSÉ

5 FEUILLES DE MENTHE FRAÎCHE, HACHÉES FIN

½ C. À SOUPE DE SEL DE MER

⅛ C. À CAFÉ (⅛ C. À THÉ) DE POIVRE NOIR, MOULU

3 C. À SOUPE DE JUS DE CITRON

1 C. À SOUPE D'HUILE D'OLIVE

1 GOUSSE D'AIL OU 1 C. À CAFÉ (1 C. À THÉ) DE PURÉE D'AIL (VOIR P. 25)

Dans un saladier, mélanger tous les ingrédients.

Se conserve 5 jours au réfrigérateur dans un contenant hermétique.

L'EAU

L'eau, c'est la vie!

La déshydratation représente probablement le malaise le plus répandu et le plus mal compris sur la planète. Bien des situations désagréables sur le plan physique pourraient être réglées si seulement on pensait à boire un grand verre d'eau. C'est le genre de truc que tout le monde sait, mais que peu de gens font. Encore faut-il avoir de la bonne eau…

Quelle eau choisir? Premièrement, nous évitons de boire l'eau directement du robinet à cause de sa haute teneur en chlore, en cuivre, en produits pharmaceutiques et, dans certains endroits, en fluor. Nous évitons aussi de consommer l'eau en bouteille de plastique en raison de la teneur en phtalate (produit chimique assurant malléabilité et rigidité) du plastique. On sait aujourd'hui que le phtalate est un réducteur de la fertilité et un atrophiant testiculaire.

Le filtre à eau est donc une nécessité, particulièrement lorsqu'on vit en ville. On trouve sur le marché plusieurs dispositifs et technologies pour filtrer l'eau, dont les coûts varient beaucoup. Notre conseil: évitez l'osmose inversée, car elle est très polluante, et tournez-vous plutôt vers les filtres au charbon ou gravitationnels.

Idéalement, nous recommandons à tous ceux et celles qui peuvent se le permettre de remplir des bouteilles à une source dont l'eau a été testée. Rien de plus merveilleux que de prendre le temps d'aller à la campagne un dimanche et de boire à une source pure. Nous avons initié plusieurs personnes à ce rituel et toutes ressentent la différence; elles boivent davantage et retournent à la source depuis!

La meilleure eau? Celle des fruits et des légumes frais bios. Cette eau vivante et structurée saura nourrir vos cellules. Notamment, laitues, concombres et céleris contiennent 98% d'eau. Une vraie fontaine de jouvence!

Salade Waldorf

PRÉPARATION 20 MINUTES
PORTIONS 4

4 POMMES (500 G), COUPÉES EN GROS CUBES

2 C. À SOUPE DE JUS DE CITRON

8 BRANCHES DE CÉLERI (250 G), COUPÉES EN GROS CUBES

35 G (1/3 TASSE) D'OIGNON VERT, CISELÉ FIN

100 G (1 TASSE) DE NOIX DE GRENOBLE, HACHÉES GROSSIÈREMENT

180 G (3/4 TASSE) DE FROMAGE DE NOIX DE CAJOU (VOIR P. 97)

2 C. À SOUPE DE PERSIL FRAIS, HACHÉ FIN

1/4 C. À CAFÉ (1/4 C. À THÉ) DE POIVRE NOIR MOULU

1/2 C. À CAFÉ (1/2 C. À THÉ) DE SEL DE MER

1 TÊTE DE LAITUE, COUPÉE EN LANIÈRES

Mettre une partie du jus de citron sur les pommes coupées pour éviter qu'elles ne noircissent.

Dans un saladier, mélanger tous les ingrédients, sauf la laitue.

Déposer un lit de laitue au fond de chaque assiette, puis y répartir la salade.

Se conserve 3 jours au réfrigérateur dans un contenant hermétique.

LE COMPOSTAGE

Le compost est la nourriture de la terre.

Par ses fruits, la terre nous nourrit en retour. Une terre sans nourriture, sans compostage, se videra peu à peu de ses minéraux, et ses fruits tout autant. Le cycle de la nature est implacable. Tout jardinier conscient sait qu'il est préférable de prendre soin de la terre, et que celle-ci soutiendra des plantes en santé.

L'appauvrissement des sols, la déforestation et la perte des terres arables sont aujourd'hui une catastrophe silencieuse qui a une répercussion directe dans nos assiettes, où nous trouvons de moins en moins de nutriments. Ironiquement, l'agriculture traditionnelle tente de pallier la faiblesse des plantations en répandant pesticides, herbicides et engrais chimiques. Ces produits causent encore plus de destruction, affaiblissent le système immunitaire des plantes qui deviennent ainsi davantage la proie des insectes; cette réaction en chaîne entraîne l'utilisation d'encore plus de pesticides.

Le compost est donc un trésor: la clé pour revaloriser la terre déjà épuisée. C'est pourquoi il est de notre devoir d'encourager une agriculture humaine, sensible et biologique. En remettant les retailles de nourriture à la terre, la boucle du cycle de la vie est alors complétée.

De plus, en compostant, nous avons remarqué une diminution de 90 % de nos résidus destinés aux sites d'enfouissement. Grâce au recyclage, au compostage et à l'achat de produits frais non emballés, nous jetons moins de choses aux ordures! Informez-vous sur les collectes de compost dans votre ville, et si cela n'existe pas encore, demandez-les.

Salade fruitée

PRÉPARATION 20 MINUTES
PORTIONS 4
DONNE 4 ASSIETTES REPAS
USTENSILE MANDOLINE OU MACHINE À COUPE SPIRALE

1 BELLE TÊTE DE LAITUE, COUPÉE EN LANIÈRES

35 G (1 1/3 TASSE) DE ROQUETTE

1 1/2 COURGETTE, PARÉE, COUPÉE EN SPAGHETTIS

1/4 DE BULBE DE FENOUIL, COUPÉ À LA MANDOLINE EN LAMELLES FINES

1 1/2 ORANGE, COUPÉE EN SUPRÊMES

1 RECETTE DE CONFIT DE FIGUES ET D'ABRICOTS AU CITRON VERT (VOIR CI-DESSOUS)

120 G (2 TASSES) DE POUSSES DE TRÈFLE

125 ML (1/2 TASSE) DE VINAIGRETTE UMÉBOSHI (VOIR CI-DESSOUS)

Mélanger la laitue et la roquette. Déposer au fond de chaque assiette.

Répartir les fruits et les légumes coupés sur la laitue. Déposer au centre le trèfle, surmonté d'une boule compacte (¼ de la recette) de confit de figues et d'abricots au citron vert.

Terminer le montage des assiettes en déposant la roquette.

Arroser avec la sauce juste avant de servir.

Confit de figues et d'abricots au citron vert

2 C. À SOUPE DE JUS DE CITRON

2 C. À SOUPE DE JUS DE CITRON VERT

ZESTE DE 1/2 CITRON

ZESTE DE 1/2 CITRON VERT

2 C. À CAFÉ (2 C. À THÉ) D'HUILE DE TOURNESOL

1 C. À SOUPE DE GINGEMBRE, HACHÉ FIN

70 G (1/3 TASSE) DE FIGUES CALYMIRNA SÈCHES, ÉQUEUTÉES ET COUPÉES EN LANIÈRES

80 G (1/3 TASSE) D'ABRICOTS SECS, ÉQUEUTÉS ET COUPÉS EN LANIÈRES

4 C. À CAFÉ (4 C. À THÉ) D'EAU

1 PINCÉE DE POIVRE NOIR MOULU

1/8 C. À CAFÉ (1/8 C. À THÉ) DE SEL DE MER

PRÉPARATION 5 MINUTES
MACÉRATION 1 NUIT
DONNE 250 ML (1 TASSE)

Mettre tous les ingrédients dans un bol et mélanger à la main.

Placer au réfrigérateur et laisser mariner au moins une nuit.

Se conserve 2 semaines au réfrigérateur dans un contenant hermétique.

Vinaigrette uméboshi

2 C. À SOUPE DE PÂTE DE PRUNE UMÉBOSHI

125 ML (1/2 TASSE) DE VINAIGRE DE KOMBUCHA OU 80 ML (1/3 TASSE) DE VINAIGRE DE CIDRE DE POMME

60 ML (1/4 TASSE) DE SAUCE TAMARI SANS BLÉ OU NAMA SHOYU

125 ML (1/2 TASSE) D'HUILE D'OLIVE

125 ML (1/2 TASSE) D'EAU

1 1/2 C. À CAFÉ (1 1/2 C. À THÉ) D'HUILE DE SÉSAME RÔTIE

PRÉPARATION 10 MINUTES
DONNE ENVIRON 500 ML (2 TASSES)
USTENSILE MIXEUR

Mettre tous les ingrédients au mixeur et lier en une sauce homogène.

Se conserve 1 mois au réfrigérateur dans un contenant hermétique.

Salade crémeuse

PRÉPARATION 20 MINUTES
PORTIONS 4

320 G DE CAROTTE, RÂPÉE (4 CAROTTES)

625 G (5 TASSES) DE CHOU BLANC, COUPÉ
EN LAMELLES FINES (1 CHOU MOYEN)

25 G (1/4 TASSE) D'OIGNON, CISELÉ FIN

250 ML (1 TASSE) DE VINAIGRETTE
MOUTARDE-AGAVE (VOIR CI-DESSOUS)

1/4 C. À CAFÉ (1/4 C. À THÉ) DE SEL DE MER

1/4 C. À CAFÉ (1/4 C. À THÉ) DE POIVRE NOIR
MOULU

Dans un saladier, mélanger tous les ingrédients à la main.

Cette salade prend toute sa saveur lorsqu'elle est marinée. Il est donc préférable de la préparer au moins 1 à 2 heures à l'avance.

Se conserve de 5 à 7 jours au réfrigérateur dans un contenant hermétique.

75 G (1/2 TASSE) DE NOIX DE CAJOU

125 ML (1/2 TASSE) D'HUILE D'OLIVE

125 ML (1/2 TASSE) D'HUILE DE TOURNESOL

80 ML (1/3 TASSE) DE VINAIGRE DE CIDRE
DE POMME

60 ML (1/4 TASSE) DE NECTAR D'AGAVE

375 ML (1 1/2 TASSE) D'EAU

1 C. À SOUPE DE MOUTARDE MAISON (VOIR
P. 162) OU DE MOUTARDE FORTE

2 C. À CAFÉ (2 C. À THÉ) DE PURÉE D'AIL (VOIR
P. 25) OU 1 GOUSSE D'AIL

2 C. À CAFÉ (2 C. À THÉ) DE SEL DE MER

Vinaigrette moutarde-agave

TREMPAGE **4 HEURES**
PRÉPARATION **10 MINUTES**
DONNE ENVIRON 875 ML (3 1/2 TASSES)
USTENSILE MIXEUR

Faire tremper les noix de cajou pendant 4 heures, puis bien rincer. Jeter l'eau de trempage.

Passer tous les ingrédients au mixeur, jusqu'à l'obtention d'une sauce uniforme et crémeuse, sans morceaux de noix de cajou.

Se conserve 2 semaines au réfrigérateur dans un contenant hermétique.

Salade César

PRÉPARATION 5 MINUTES
PORTION SALADE REPAS POUR 1 PERSONNE

1 CŒUR DE LAITUE ROMAINE, COUPÉ

1 C. À SOUPE DE CÂPRES

2 C. À SOUPE DE TOMATES SÉCHÉES, HACHÉES EN PETITS MORCEAUX

3 C. À SOUPE DE SAUCE CÉSAR (VOIR CI-DESSOUS)

1 C. À SOUPE DE CRUMESAN (VOIR P. 161)

20 G (¼ TASSE) DE CROÛTONS (VOIR CI-DESSOUS)

Dans un saladier, mélanger la laitue, les câpres et les tomates séchées à la sauce César.

Déposer dans une assiette, parsemée de croûtons et saupoudrer de crumesan.

Manger frais.

Sauce César

150 G (1 TASSE) DE NOIX DE CAJOU

250 ML (1 TASSE) D'EAU

2 C. À SOUPE DE JUS DE CITRON

½ GOUSSE D'AIL OU ½ C. À CAFÉ (½ C. À THÉ) DE PURÉE D'AIL (VOIR P. 25)

1 C. À SOUPE DE MOUTARDE MAISON (VOIR P. 162) OU DE MOUTARDE FORTE

1 C. À CAFÉ (1 C. À THÉ) DE SEL DE MER

½ C. À CAFÉ (½ C. À THÉ) DE POIVRE NOIR MOULU

TREMPAGE 4 HEURES
PRÉPARATION 10 MINUTES
DONNE ENVIRON 435 ML (1 ¾ TASSE)
USTENSILE MIXEUR

Faire tremper les noix de cajou pendant 4 heures. Bien rincer et jeter l'eau de trempage.

Passer la moitié de l'eau et le reste des ingrédients au mixeur jusqu'à l'obtention d'une sauce épaisse et homogène, sans morceaux de cajou.

Ajouter le reste de l'eau et mélanger en une sauce crémeuse et uniforme.

Se conserve 2 semaines au réfrigérateur dans un contenant hermétique.

Croûtons

105 G (1 TASSE) DE GRAINES DE LIN MOULUES

250 G (2 TASSES) DE PULPE DE NOIX HUMIDE (LA PULPE RESTÉE DANS LE FILTRE APRÈS AVOIR FAIT UN LAIT DE NOIX)

100 G DE COURGETTE (ENVIRON ½ COURGETTE), COUPÉE EN BRUNOISE

2 C. À SOUPE D'HUILE D'OLIVE

1 C. À SOUPE DE LEVURE ALIMENTAIRE

1 ¼ C. À CAFÉ (1 ¼ C. À THÉ) DE SEL DE MER

1 C. À CAFÉ (1 C. À THÉ) DE BASILIC SEC

1 C. À CAFÉ (1 C. À THÉ) DE SAUGE SÈCHE

1 C. À CAFÉ (1 C. À THÉ) DE MARJOLAINE SÈCHE

1 C. À CAFÉ (1 C. À THÉ) DE CUMIN MOULU

1 C. À CAFÉ (1 C. À THÉ) DE POUDRE DE CHILI

¼ C. À CAFÉ (¼ C. À THÉ) D'ORIGAN SEC

¼ C. À CAFÉ (¼ C. À THÉ) DE POUDRE D'AIL

½ C. À CAFÉ (½ C. À THÉ) DE POIVRE NOIR MOULU

PRÉPARATION 15 MINUTES
DÉSHYDRATATION 12 HEURES
DONNE ENVIRON 200 CROÛTONS
USTENSILE DÉSHYDRATEUR

Dans un bol, mélanger tous les ingrédients à la main jusqu'à l'obtention d'une pâte uniforme.

Sur une grande planche à découper, étaler le mélange en une galette de 6 mm (¼ po) d'épaisseur.

Au couteau, découper cette galette en petits cubes de 1,5 cm (½ po).

Séparer les cubes et les répartir sur deux grilles de déshydrateur.

Baisser la température à 40 ºC (105 ºF) et laisser environ 12 heures au déshydrateur. Les croûtons doivent être complètement secs et croquants.

Se conserve 2 mois au réfrigérateur dans un contenant hermétique.

Salade grecque et féta

PRÉPARATION 15 MINUTES
PORTIONS 4

300 G (2 TASSES) DE CONCOMBRE,
COUPÉ EN GROS DÉS DE 2 CM (3/4 PO)
(1 CONCOMBRE MOYEN)

380 G (2 ½ TASSES) DE TOMATES,
COUPÉES EN GROS DÉS DE 2 CM (3/4 PO)
(2 ½ TOMATES MOYENNES)

140 G DE COURGETTE, COUPÉE EN GROS DÉS
DE 2 CM (3/4 PO) (3/4 DE COURGETTE
MOYENNE)

280 G (2 TASSES) DE POIVRON ROUGE,
COUPÉ EN GROS DÉS DE 2 CM (3/4 PO)

55 G (½ TASSE) D'OIGNON ROUGE,
COUPÉ EN RONDELLES

2 C. À SOUPE DE PERSIL FRAIS, HACHÉ
GROSSIÈREMENT, BIEN TASSÉ

60 G (½ TASSE) D'ANETH FRAIS, HACHÉ FIN,
BIEN TASSÉ

45 G (¼ TASSE) D'OLIVES KALAMATA
ENTIÈRES, DÉNOYAUTÉES

125 ML (½ TASSE) DE VINAIGRECQUE
(VOIR CI-DESSOUS)

4 BELLES POIGNÉES D'ÉPINARDS

24 MORCEAUX DE FÉTA COCO BRÉSIL
(VOIR CI-CONTRE).

25 G (1 TASSE) DE CRESSON

Dans un saladier, mélanger les cubes de légumes, les herbes hachées et la vinaigrecque.

Dresser un lit d'épinards dans 4 assiettes et y déposer la salade.

Ajouter 6 cubes de féta coco Brésil sur chaque salade.

Se conserve 4 jours au réfrigérateur dans un contenant hermétique.

---

2 C. À SOUPE DE JUS DE CITRON FRAIS

¼ C. À SOUPE DE PURÉE D'AIL (VOIR P. 25)
OU 3/4 DE GOUSSE D'AIL

125 ML (½ TASSE) D'HUILE DE TOURNESOL

125 ML (½ TASSE) DE VINAIGRE DE CIDRE
DE POMME

125 ML (½ TASSE) D'HUILE D'OLIVE

1 C. À CAFÉ (1 C. À THÉ) DE NECTAR D'AGAVE

1 C. À CAFÉ (1 C. À THÉ) DE SEL DE MER

1 C. À SOUPE D'ESTRAGON

½ C. À CAFÉ (½ C. À THÉ) DE BASILIC

½ C. À CAFÉ (½ C. À THÉ) DE PERSIL SEC

¼ C. À CAFÉ (¼ C. À THÉ) D'ORIGAN

¼ C. À CAFÉ (¼ C. À THÉ) DE THYM

⅛ C. À CAFÉ (⅛ C. À THÉ) DE PIMENT DE
CAYENNE MOULU

Vinaigrecque

PRÉPARATION 10 MINUTES
DONNE ENVIRON 190 ML (1 ½ TASSE)

Au mixeur ou à l'aide d'un fouet, réduire tous les ingrédients en une sauce liquide et homogène.

Cette sauce a tendance à se séparer au réfrigérateur ; il faut donc toujours bien la mélanger avant de l'utiliser.

Se conserve 2 semaines au réfrigérateur dans un contenant hermétique.

70 G (1/2 TASSE) DE NOIX DU BRÉSIL

4 C. À CAFÉ (4 C. À THÉ) DE JUS
DE CITRON

225 G (1 TASSE) DE BEURRE DE NOIX
DE COCO, RAMOLLI

60 ML (1/4 TASSE) D'EAU

1 C. À SOUPE D'HUILE D'OLIVE

4 C. À CAFÉ (4 C. À THÉ) DE VINAIGRE
DE CIDRE DE POMME

4 C. À CAFÉ (4 C. À THÉ) DE LEVURE
ALIMENTAIRE

1 C. À CAFÉ (1 C. À THÉ) DE SEL DE MER

1 C. À CAFÉ (1 C. À THÉ) DE BASILIC SEC

1 C. À CAFÉ (1 C. À THÉ) DE PERSIL SEC

1/2 C. À CAFÉ (1/2 C. À THÉ) D'ORIGAN SEC

1/2 C. À CAFÉ (1/2 C. À THÉ) DE THYM SEC

1/8 C. À CAFÉ (1/8 C. À THÉ) DE PIMENT
DE CAYENNE MOULU

Féta coco Brésil

PRÉPARATION 15 MINUTES
DONNE 120 CUBES DE FÉTA
USTENSILE ROBOT CULINAIRE OU MIXEUR

Au robot culinaire, réduire les noix du Brésil en un beurre le plus
liquide et crémeux possible.

Ajoutez le reste des ingrédients au robot culinaire et mélanger
jusqu'à l'obtention d'une pâte uniforme.

Répartir ce mélange en une couche de 1 cm (½ po) d'épaisseur
dans un ou plusieurs plats creux.

Mettre au réfrigérateur et laisser prendre pendant 3 heures.

Découper la plaque obtenue en cubes de 2 cm (¾ po) avant de
démouler la féta.

Se conserve 2 semaines au réfrigérateur dans un contenant hermétique.

Salade Madras

PRÉPARATION 15 MINUTES
PORTIONS 4
USTENSILE MIXEUR

500 G DE CAROTTE, RÂPÉE (6 CAROTTES MOYENNES)

500 G DE CHOU-FLEUR, COUPÉ EN PETITS CUBES (1/2 CHOU-FLEUR MOYEN)

50 G D'OIGNON ROUGE, CISELÉ FIN (1/4 D'OIGNON MOYEN)

30 G (1/2 TASSE) DE CORIANDRE FRAÎCHE HACHÉE FIN, BIEN TASSÉE

35 G (1/4 TASSE) DE RAISINS DE CORINTHE SECS

2 C. À SOUPE DE SÉSAME NOIR

Au mixeur, réduire tous les ingrédients de la sauce indienne crémeuse (voir ci-dessous) en une sauce onctueuse.

Mettre les légumes, la sauce indienne crémeuse et le reste des ingrédients dans un bol et bien mélanger le tout à la main pour que les épices imprègnent les légumes.

Se conserve 4 ou 5 jours au réfrigérateur dans un contenant hermétique.

Sauce indienne crémeuse

60 ML (1/4 TASSE) DE TAHINI (BEURRE DE SÉSAME) OU BEURRE DE NOIX DE CAJOU, CRU SI POSSIBLE

2 C. À SOUPE D'HUILE DE TOURNESOL

2 C. À SOUPE D'EAU

1 C. À SOUPE DE SEL DE MER

2 C. À SOUPE DE VINAIGRE DE CIDRE DE POMME

1 C. À CAFÉ (1 C. À THÉ) DE CURCUMA

1 1/2 C. À CAFÉ (1 1/2 C. À THÉ) DE GRAINES DE CORIANDRE MOULUES

1 C. À CAFÉ (1 C. À THÉ) DE CUMIN MOULU

2 C. À CAFÉ (2 C. À THÉ) DE POUDRE DE CARI

1/2 C. À CAFÉ (1/2 C. À THÉ) DE GINGEMBRE MOULU

1/2 C. À CAFÉ (1/2 C. À THÉ) DE POIVRE NOIR MOULU

Salade polynésienne

PRÉPARATION 10 MINUTES
PORTIONS 4

600 G (8 BELLES POIGNÉES) DE ROQUETTE
OU DE BÉBÉS ÉPINARDS

125 ML (1/2 TASSE) DE VINAIGRETTE ASIA
(VOIR CI-DESSOUS)

200 G DE CHAIR DE 2 JEUNES NOIX DE COCO
(COCO THAÏ)

2 À 4 C. À CAFÉ (2 À 4 C. À THÉ) DE FLOCONS
DE PIMENTS SÉCHÉS BROYÉS

200 G (2 TASSES) DE POIS MANGE-TOUT,
COUPÉS EN JULIENNE

2 C. À SOUPE DE JUS DE CITRON VERT

200 G DE POIRES, COUPÉES EN LAMELLES
(ENVIRON 4 POIRES OU 1 POIRE ASIATIQUE)

30 G (1/2 TASSE) DE FEUILLES DE
CORIANDRE, COUPÉES GROSSIÈREMENT

1/2 C. À CAFÉ (1/2 C. À THÉ) DE SEL DE MER

1/2 C. À CAFÉ (1/2 C. À THÉ) DE GINGEMBRE,
HACHÉ FIN

2 KIWIS, COUPÉS EN 1/4 DE RONDELLES

Mélanger la roquette avec la vinaigrette Asia. Répartir en lit dans les assiettes.

Dans un saladier, mélanger le reste des ingrédients. Déposer une montagne de ce mélange au centre du lit de roquette.

Se conserve 2 ou 3 jours au réfrigérateur dans un contenant hermétique.

---

250 ML (1 TASSE) D'HUILE DE TOURNESOL

2 C. À SOUPE DE NAMA SHOYU

1 C. À SOUPE DE JUS DE GINGEMBRE (VOIR P. 25)
OU 1 C. À SOUPE DE GINGEMBRE, HACHÉ

2 C. À SOUPE DE JUS DE CITRON

1 C. À SOUPE DE PURÉE D'AIL (VOIR P. 25)
OU 3 GOUSSES D'AIL, HACHÉES

120 ML (1/2 TASSE) D'EAU

1 C. À CAFÉ (1 C. À THÉ) DE NECTAR D'AGAVE

1 C. À CAFÉ (1 C. À THÉ) DE GRAINES
DE CORIANDRE MOULUES

1/2 C. À CAFÉ (1/2 C. À THÉ) D'HUILE DE
SÉSAME RÔTIE

1/8 C. À CAFÉ (1/8 C. À THÉ) DE SEL DE MER

30 G (1/2 TASSE) DE CORIANDRE FRAÎCHE,
BIEN TASSÉE, HACHÉE GROSSIÈREMENT
(FEUILLES ET TIGES)

Vinaigrette Asia

PRÉPARATION 10 MINUTES
DONNE ENVIRON 400 ML (1 1/2 TASSE)
USTENSILE MIXEUR

Mettre tous les ingrédients, sauf la coriandre fraîche, au mixeur et réduire en une sauce homogène.

Ajouter la coriandre fraîche et mélanger brièvement par pulsations, de manière à conserver de petits morceaux de feuilles.

Se conserve 2 semaines au réfrigérateur dans un contenant hermétique.

Rémoulade

PRÉPARATION 10 MINUTES
PORTIONS 4

1 C. À CAFÉ (1 C. À THÉ) DE MOUTARDE MAISON (VOIR P. 162) OU DE MOUTARDE FORTE

80 ML (1/3 TASSE) D'AÏOLI AUX CÂPRES (VOIR P. 166)

2 C. À SOUPE D'HUILE DE TOURNESOL.

2 C. À SOUPE DE CÂPRES, HACHÉES GROSSIÈREMENT

1 C. À SOUPE DE JUS DE CITRON

1/2 C. À CAFÉ (1/2 C. À THÉ) DE SEL DE MER

1/4 C. À CAFÉ (1/4 C. À THÉ) DE POIVRE NOIR MOULU

500 G (5 TASSES) DE CÉLERI-RAVE, RÂPÉ

À l'aide d'un fouet, mélanger tous les ingrédients, sauf le céleri-rave, en une sauce uniforme.

Mettre le céleri-rave dans un saladier. Ajouter la sauce et mélanger.

Se conserve de 5 à 7 jours au réfrigérateur dans un contenant hermétique.

Concombre à l'Annette

PRÉPARATION 5 MINUTES
PORTIONS 4

ZESTE DE 2 CITRONS

15 G (1/4 TASSE) D'ANETH, HACHÉ GROSSIÈREMENT (FEUILLES ET TIGES), BIEN TASSÉ

2 C. À SOUPE D'HUILE D'OLIVE

2 C. À CAFÉ (2 C. À THÉ) DE VINAIGRE BALSAMIQUE

20 G (3 C. À SOUPE) D'OIGNON ROUGE, CISELÉ FIN

1 C. À SOUPE DE JUS DE CITRON

1 C. À CAFÉ (1 C. À THÉ) DE SEL DE MER

1/2 C. À CAFÉ (1/2 C. À THÉ) DE POIVRE NOIR MOULU

600 G DE CONCOMBRES, COUPÉS EN DEUX SUR LA LONGUEUR, PUIS EN BISEAU (2 CONCOMBRES MOYENS)

Mettre tous les ingrédients, sauf les concombres, dans un saladier et mélanger à l'aide d'un fouet pour créer une sauce uniforme.

Ajouter les concombres et mélanger de nouveau. Cette salade va gagner en saveur si elle repose au moins 20 minutes avant d'être dégustée.

Se conserve 3 jours au réfrigérateur dans un contenant hermétique.

73

Salade Bloody César

PRÉPARATION 15 MINUTES
PORTIONS 4

750 G (3 TÊTES) DE LAITUE ROMAINE, COUPÉE EN MORCEAUX

225 G DE BETTERAVE, RÂPÉE (1 GROSSE BETTERAVE)

90 G D'OIGNON ROUGE, CISELÉ (½ OIGNON ROUGE)

75 G DE POIVRON ROUGE, COUPÉ EN CUBES (½ POIVRON ROUGE)

1 ½ C. À CAFÉ (1 ½ C. À THÉ) DE GRAINES DE CÉLERI

75 G (¾ TASSE) DE BAIES DE GOJI

190 ML (¾ TASSE) DE VINAIGRECQUE (VOIR P. 66)

120 G (30 MORCEAUX) DE FÉTA COCO BRÉSIL (VOIR P. 67)

50 G (½ TASSE) DE TOMATES SÉCHÉES, HACHÉES FIN

60 G (½ TASSE) DE GRAINES DE CHANVRE ÉCALÉES

Dans un saladier, mélanger la laitue, les betteraves, l'oignon, le poivron rouge, les graines de céleri et les baies de goji à la sauce Vinaigrecque.

Déposer dans les assiettes de service et garnir de féta coco Brésil, de morceaux de tomates séchées et de graines de chanvre.

Manger frais.

ÉQUILIBRE ACIDO-BASIQUE

Le corps humain est un écosystème en soi.

Tout comme la planète, notre corps a ses rivières, ses saisons, ses pluies acides et ses gaz à effet de serre. Partie intégrante de la nature, notre corps fonctionne donc sous les mêmes lois. Nous considérons que chaque geste, chaque mouvement, chaque goutte d'eau affecte l'écosystème tant au niveau du macrocosme, la planète, qu'au niveau du microcosme, la cellule.

Comme l'océan, le corps possède des baromètres de température, de taux de sel et de minéraux bien précis. Plusieurs se souviennent des cours de physique où l'on apprenait pour la première fois à observer le pH (potentiel d'Hydrogène) d'une solution. Pour d'autres, le pH rappelle les vérifications hebdomadaires de la piscine ou du bain à remous. Tout élément chimique possède un pH précis, acide ou alcalin. L'humain, tout comme les plantes et les animaux, a un pH alcalin d'environ 7,38.

Pour conserver cet état dans lequel l'homéostasie est à son apogée, le corps a besoin de minéraux, d'oxygène et de mouvement. Une stagnation des liquides lymphatiques ou interstitiels, un manque de minéraux dans l'alimentation ou un moment de stress affecteront l'équilibre acido-basique du corps. L'adrénaline, le cortisol et la crispation musculaire deviennent donc des agents acidifiants reliés au stress qui peuvent endommager la santé bien plus rapidement qu'un burger et une boisson gazeuse.

La respiration profonde, la cohérence cardiorespiratoire et l'activité physique aérobique peuvent alcaliniser davantage qu'un jus d'herbe de blé. Mais qu'arrivera-t-il si un individu met toutes les chances de son côté: mode de vie décontracté, attitude ouverte, activité physique quotidienne, aliments remplis de minéraux et d'oxygène? Voilà ce que nous appelons être pleinement Vivant!

Salade fouillis orange

PRÉPARATION 15 MINUTES
PORTIONS 4

500 G DE FENOUIL (2 BULBES MOYENS), COUPÉ EN LAMELLES FINES

50 G DE POIVRON ROUGE, COUPÉ EN FINES LAMELLES (1/3 POIVRON ROUGE)

4 ORANGES EN SUPRÊMES

1/4 C. À CAFÉ (1/4 C. À THÉ) D'ESSENCE D'ORANGE OU DE ZESTE D'ORANGE

2 C. À SOUPE D'HUILE D'OLIVE

1/2 C. À CAFÉ (1/2 C. À THÉ) DE SEL DE MER

1/2 C. À CAFÉ (1/2 C. À THÉ) DE JUS DE CITRON

CHAIR DE 2 AVOCATS, EN CUBES

1 C. À SOUPE DE GRAINES DE CORIANDRE MOULUES

120 G (1 TASSE) DE CORIANDRE FRAÎCHE, HACHÉE GROSSIÈREMENT

FACULTATIF

5 G (1 C. À SOUPE BIEN TASSÉ) D'ARAMÉ, TREMPÉ 5 MINUTES DANS L'EAU

Mélanger tous les ingrédients dans un saladier.

Décorer avec l'aramé, si désiré.

Manger frais.

LES SUCRES

La chlorophylle est la créatrice primaire du sucre.

À partir de l'énergie du soleil, elle tricote le carbone et l'eau en molécules de glucose. Quel processus incroyable et fondamental de la vie!

C'est grâce à ces hydrates de carbone que la nature se construit. La cellulose qui forme un arbre n'est en fait qu'une longue chaîne de glucose, aussi nommée «polysaccharides». Une pomme ou une patate douce représentent donc des réserves d'énergie solaire transformées par la chlorophylle et emmagasinées dans la plante pour survivre à l'hiver ou pour attirer un animal affamé qui répandra les semences.

Le sucre simple que l'on trouve dans une pomme ne dure jamais longtemps dans la nature et sera rapidement consommé par un animal ou des bactéries. Il en est de même dans le corps humain. Une fois dans le sang, le glucose doit rapidement être transformé par le foie en glycogène, principale nourriture pour les cellules. L'excédent de glucose, lui, sera transformé en gras stockés. Ces gras, étant matières plus aisées à stocker et moins dangereuses pour l'organisme, pourront redevenir glycogène, puis carburant en cas de besoin.

C'est ainsi que l'on comprend que l'embonpoint catastrophique en Amérique du Nord n'est pas causé par le gras, mais par le sucre. Les jus de fruits pasteurisés, les boissons gazeuses, le pain et les pâtes sont des sucres transformés, raffinés et sont ainsi une cause de la prise de poids, car ils sont consommés en bien trop grande quantité.

D'un autre côté, les sucres naturels et crus sont essentiels à notre alimentation. Nous les retrouvons dans les fruits et les légumes où ils sont complétés par des vitamines et des fibres. Ils se digéreront lentement et offriront leur énergie sainement.

Ainsi, une pomme est parfaite si elle est mangée telle quelle; elle contient énormément de nutriments. Par contre, transformée en jus pasteurisé, elle sera digérée très rapidement. Les précieuses fibres sont absentes et puisque celles-ci servent à emprisonner et à diffuser le fructose doucement, le jus pasteurisé augmentera la glycémie beaucoup plus rapidement et déséquilibrera l'homéostasie.

Salade lumen

20 G (1/4 TASSE) D'ARAMÉ SEC, BIEN TASSÉ (DONNE 3/4 TASSE HUMIDE)

20 G (1/4 TASSE) DE WAKAMÉ SEC, BIEN TASSÉ, DÉCOUPÉ EN GROS CUBES À L'AIDE DE CISEAUX (DONNE 1/2 TASSE HUMIDE)

300 G DE CAROTTE, ÉPLUCHÉE, ÉMINCÉE EN LAMELLES FINES À L'ÉCONOME (3 CAROTTES MOYENNES)

100 G (1 TASSE) DE BROCOLI, COUPÉ EN PETITS FLEURONS

1 C. À CAFÉ (1 C. À THÉ) D'HUILE DE SÉSAME RÔTIE

1 C. À SOUPE DE JUS DE CITRON

2 C. À CAFÉ (2 C. À THÉ) DE GRAINES DE SÉSAME NOIR

2 C. À CAFÉ (2 C. À THÉ) DE GRAINES DE SÉSAME BLANC

1 1/2 C. À SOUPE DE NAMA SHOYU

1/2 C. À CAFÉ (1/2 C. À THÉ) DE NECTAR D'AGAVE

1/8 C. À CAFÉ (1/8 C. À THÉ) DE POIVRE NOIR MOULU

1/8 C. À CAFÉ (1/8 C. À THÉ) DE PIMENT DE CAYENNE MOULU

50 G DE POIREAU, CISELÉ (1/3 DE POIREAU)

Mettre à tremper les algues (aramé et wakamé) dans 250 ml (1 tasse) d'eau, le temps de préparer le reste des ingrédients (10 à 15 minutes). L'eau de trempage ne sera pas utilisée dans cette recette, mais elle peut être conservée pour faire une soupe.

Essorer les algues et les déposer dans un saladier. Ajouter le reste des ingrédients et mélanger.

Se conserve 4 jours au réfrigérateur dans un contenant hermétique.

Salade aztèque

TREMPAGE **8 À 12 HEURES**
PRÉPARATION 10 MINUTES
GERMINATION 12 HEURES
PORTIONS 4

200 G DE CÉLERI, COUPÉ EN BISEAU
(4 BRANCHES)

1 POIVRON ROUGE MOYEN, COUPÉ EN CUBES

150 G (1 TASSE) DE GRAINS DE MAÏS
(ÉQUIVAUT À 2 ÉPIS DE MAÏS ÉGRENÉS)

100 G (1 TASSE) DE HARICOTS JAUNES,
COUPÉS EN BISEAU

65 G (1/3 TASSE) DE QUINOA SEC,
QUI A GERMÉ DURANT 24 HEURES

15 G (1/4 TASSE) DE CORIANDRE FRAÎCHE,
HACHÉE FIN, BIEN TASSÉE

3 C. À SOUPE DE SAUCE CHIPOTLE
(VOIR CI-DESSOUS)

40 G (1/4 TASSE) D'OIGNON VERT, CISELÉ

2 jours avant

Faire germer le quinoa : faire tremper une nuit (8 à 12 heures) dans l'eau ; rincer, puis laisser germer à l'air libre durant 12 heures en rinçant 2 ou 3 fois dans la journée (voir technique de germination p. 20).

Le jour même

Mélanger tous les ingrédients dans un saladier.

Se conserve 3 ou 4 jours au réfrigérateur dans un contenant hermétique.

---

10 G DE PIMENTS CHIPOTLE SÉCHÉS (2 MOYENS)

6 DATTES DÉNOYAUTÉES OU 65 G (1/4 TASSE) DE
PÂTE DE DATTES (VOIR P. 25)

120 ML (1/2 TASSE) D'HUILE DE TOURNESOL

2 C. À CAFÉ (2 C. À THÉ) DE JUS
DE CITRON

1 GOUSSE D'AIL OU 1 C. À CAFÉ (1 C. À THÉ)
DE PURÉE D'AIL (VOIR P. 25)

5 C. À SOUPE DE VINAIGRE DE CIDRE DE POMME

2 C. À SOUPE DE CORIANDRE FRAÎCHE, HACHÉE,
BIEN TASSÉE

120 ML (1/2 TASSE) D'EAU (OU D'EAU DE
TREMPAGE DES PIMENTS CHIPOTLE)

1/2 C. À CAFÉ (1/2 C. À THÉ) DE SEL DE MER

25 G (1/2 TASSE) DE GRAINES
DE TOURNESOL, MOULUES

Sauce chipotle

TREMPAGE **30 MINUTES À 1 NUIT**
PRÉPARATION 10 MINUTES
DONNE ENVIRON 500 ML (2 TASSES)
USTENSILE MIXEUR

Recouvrir les piments chipotle d'eau et laisser tremper (au moins 30 minutes et jusqu'à une nuit) pour les ramollir. Pour une vinaigrette plus piquante, utiliser l'eau de trempage dans la recette. Il est également possible d'enlever les graines des piments pour en atténuer le piquant sans en altérer le goût.

Mettre tous les ingrédients, sauf les graines de tournesol moulues, au mixeur et broyer en un liquide homogène.

Incorporer les graines de tournesol moulues et continuer à mélanger jusqu'à l'obtention d'une sauce lisse et crémeuse.

Se conserve 2 semaines au réfrigérateur dans un contenant hermétique.

Salade Crudessence

TREMPAGE **QUELQUES MINUTES**
PRÉPARATION **10 MINUTES**
PORTIONS 4
USTENSILE **MIXEUR**

1 BETTERAVE RÉDUITE EN SPAGHETTI À LA MACHINE À COUPE SPIRALE (FACULTATIF)

1 BELLE TÊTE DE LAITUE, COUPÉE EN MORCEAUX

12 CRAQUELINS À LA BETTERAVE OU AUX TOMATES SÉCHÉES (VOIR P. 121 ET 122)

60 G (½ TASSE) DE CHOUCROUTE (VOIR P. 103)

55 G (1 TASSE) DE BUDDHA NUTS (VOIR P. 125)

115 G (½ TASSE) DE PÂTÉ HOUMOUS SOLEIL (VOIR P. 86)

60 G (½ TASSE) DE CAROTTE, RÂPÉE (1 CAROTTE MOYENNE)

1 AVOCAT, COUPÉ EN LAMELLES

1 TOMATE, COUPÉE EN 8 QUARTIERS

90 G (1 ⅓ TASSE) DE POUSSES DE TRÈFLE

190 ML (¾ TASSE) DE VINAIGRETTE AU CHOIX

Dans un grand contenant rempli d'eau froide, faire tremper les spaghettis de betteraves. Réserver.

Sur une base de laitue, déposer, sans mélanger, le reste des ingrédients avant de surmonter de pousses de trèfle. Servir la vinaigrette dans un contenant séparé.

Rincer abondamment les betteraves jusqu'à ce qu'elles ne colorent plus l'eau. Les essorer avant de les utiliser comme décoration d'assiette.

LES 5 SAVEURS

Sucré, salé, acide, amer et piquant.

Voilà la gamme des saveurs primaires, la base sur laquelle s'appuie notre œuvre. Tout comme un artiste peintre utilise les couleurs primaires pour créer une infinité de couleurs, les cuisiniers de Crudessence utilisent les saveurs primaires pour créer une infinité de saveurs. Il suffit d'appliquer ces 5 saveurs sur la toile alimentaire avec un peu d'inspiration pour obtenir des chefs-d'œuvre. L'expression culinaire devient alors très créative.

Vous en conviendrez, il est plus facile de travailler avec 5 saveurs qu'avec 100 000 ingrédients. En plus, inutile de réfléchir pour les classer... utilisez simplement votre langue! Vous découvrirez en effet que certains ingrédients possèdent plusieurs saveurs balancées en une délicate harmonie caractéristique.

Par exemple, le houmous populaire du Moyen-Orient contient les 5 saveurs sur une toile de pois chiches: (tahini = amer, citron = acide, ail + paprika = piquant, sel = salé, pois chiches cuits = sucré). Que ce soit le guacamole du Mexique sur une toile d'avocats ou une vinaigrette italienne classique sur une toile d'huile d'olive, le principe des 5 saveurs est un incontournable.

Vous pouvez donc remplacer un des ingrédients utilisés dans nos recettes par un autre couvrant la même saveur. Nos recettes deviendront ainsi les vôtres...

Pâtés

Pâté houmous soleil

TREMPAGE **8 HEURES**
PRÉPARATION 15 MINUTES
PORTIONS 4
DONNE ENVIRON 750 ML (3 TASSES)
USTENSILE MIXEUR

100 G (2/3 TASSE) D'AMANDES NON PELÉES,

250 G (2 TASSES) DE COURGETTE, ÉPLUCHÉE, PARÉE, COUPÉE GROSSIÈREMENT

200 G (3/4 TASSE) DE TAHINI (BEURRE DE SÉSAME) CRU SI POSSIBLE

1 GOUSSE D'AIL OU 1 C. À CAFÉ (1 C. À THÉ) DE PURÉE D'AIL (VOIR P. 25)

6 C. À SOUPE DE JUS DE CITRON

2 C. À SOUPE D'HUILE D'OLIVE

2 C. À CAFÉ (2 C. À THÉ) DE CUMIN

1 1/2 C. À CAFÉ (1 1/2 C. À THÉ) DE SEL DE MER

1/4 C. À CAFÉ (1/4 C. À THÉ) DE POIVRE NOIR MOULU

Faire tremper les amandes non pelées pendant 8 heures, puis bien rincer. Jeter l'eau de trempage.

Mettre tous les ingrédients au mixeur et réduire en un pâté crémeux et lisse.

Déguster en trempette avec des crudités, dans une salade, sur des craquelins ou en sandwich.

Se conserve 3 ou 4 jours au réfrigérateur dans un contenant hermétique.

Terrine de pacanes à l'aneth

TREMPAGE **8 HEURES**
PRÉPARATION 20 MINUTES
PORTIONS 4
DONNE ENVIRON 580 ML (2 ⅓ TASSES)
USTENSILE ROBOT CULINAIRE

135 G (1 TASSE) DE GRAINES DE TOURNESOL

70 G (2/3 TASSE) DE PACANES

2 C. À SOUPE DE VINAIGRE
DE CIDRE DE POMME

2 C. À SOUPE DE JUS DE CITRON

60 ML (1/4 TASSE) D'HUILE DE TOURNESOL

2 C. À SOUPE D'EAU

25 G (1/2 TASSE) DE PERSIL FRAIS, HACHÉ
GROSSIÈREMENT (FEUILLES ET TIGES),
BIEN TASSÉ

15 G (1/4 TASSE) D'ANETH FRAIS, HACHÉ
GROSSIÈREMENT (FEUILLES ET TIGES),
BIEN TASSÉ

1 GOUSSE D'AIL MOYENNE OU 1 C. À CAFÉ
(1 C. À THÉ) DE PURÉE D'AIL (VOIR P. 25)

1 C. À CAFÉ (1 C. À THÉ) DE SEL DE MER

Faire tremper les graines de tournesol et les pacanes pendant
8 heures. Bien rincer et jeter l'eau de trempage.

Au robot culinaire, réduire les pacanes en purée.

Ajouter le reste des ingrédients et mélanger jusqu'à l'obtention
d'un mélange crémeux et lisse.

*Déguster en trempette avec des crudités, dans une salade, sur des
craquelins ou en sandwich.*

*Se conserve 3 ou 4 jours au réfrigérateur dans un contenant
hermétique.*

Tapenade aux olives kalamata

TREMPAGE **8 HEURES**
PRÉPARATION **15 MINUTES**
PORTIONS **4**
DONNE ENVIRON 500 ML (2 TASSES)
USTENSILE ROBOT CULINAIRE

90 G (2/3 TASSE) DE GRAINES DE TOURNESOL

150 G (1 TASSE) D'OLIVES KALAMATA, DÉNOYAUTÉES, BIEN TASSÉES

1 1/2 GOUSSE D'AIL MOYENNE OU 1 1/2 C. À CAFÉ (1 1/2 C. À THÉ) DE PURÉE D'AIL (VOIR P. 25)

40 G (1/3 TASSE) D'OIGNON ROUGE, COUPÉ GROSSIÈREMENT

2 C. À SOUPE D'HUILE DE TOURNESOL

2 C. À SOUPE DE VINAIGRE BALSAMIQUE

2 C. À SOUPE DE JUS DE CITRON

40 G (1/4 TASSE) DE GRAINES DE TOURNESOL MOULUES

2 C. À SOUPE D'ORIGAN FRAIS, HACHÉ

12 G (1/4 TASSE) DE PERSIL FRAIS, HACHÉ (FEUILLES ET TIGES), BIEN TASSÉ

Faire tremper les graines de tournesol pendant 8 heures, puis bien rincer. Jeter l'eau de trempage.

Mélanger tous les ingrédients au robot culinaire, sauf les graines de tournesol moulues, l'origan et le persil haché, jusqu'à l'obtention d'un pâté crémeux et lisse.

Ajouter les graines de tournesol moulues et mélanger encore 1 minute jusqu'à l'obtention d'un mélange homogène.

Verser dans le contenant de service et incorporer à la main les herbes fraîches.

Déguster en trempette avec des crudités, dans une salade, sur des craquelins ou en sandwich.

Se conserve 3 ou 4 jours au réfrigérateur dans un contenant hermétique.

Fromage ricotta de macadamia

PRÉPARATION 10 MINUTES
DONNE ENVIRON 350 G (1 ²/₃ TASSE)
USTENSILE ROBOT CULINAIRE

220 G (1 ¹/₃ TASSE) DE NOIX DE MACADAMIA

2 C. À SOUPE DE JUS DE CITRON

170 ML (3/4 TASSE) D'EAU

1/2 C. À CAFÉ (1/2 C. À THÉ) DE SEL DE MER

1/8 C. À CAFÉ (1/8 C. À THÉ) DE POIVRE NOIR MOULU

1/4 GOUSSE D'AIL OU 1/4 C. À CAFÉ (1/4 C. À THÉ) DE PURÉE D'AIL (VOIR P. 25)

Au robot culinaire, réduire en petits morceaux les noix de macadamia.

Ajouter les ingrédients restants et broyer quelques secondes pour créer l'émulsion. Le fromage va devenir blanc et crémeux avec des petits morceaux de noix croquants.

Déguster en trempette avec des crudités, dans une salade, sur des craquelins ou en sandwich.

Se conserve 2 semaines au réfrigérateur dans un contenant hermétique.

LES PROTÉINES

Comme certains d'entre vous l'expérimentent déjà, un végétarien doit faire face aux questions de son entourage sur les protéines: «Êtes-vous certain d'avoir assez de protéines?» Cette question survient encore plus souvent lorsque vous pratiquez l'alimentation vivante!

En perspective, le lait maternel, carburant unique avec lequel un nouveau-né peut grandir sainement et quadrupler son poids en quelques mois, contient seulement 6% de protéines.

Un gorille, mammifère musclé et qui, en apparence, ne manque pas de protéines, consomme 50% de feuilles vertes, 35% de fruits frais et 15% d'autres racines, tubercules, fèves et une infime quantité de moustiques. Bref, il est crudivore et végétalien.

En fait, la protéine, élément nutritionnel autour duquel la peur du manque est le plus marquée dans notre société, est simplement une grande chaîne d'acides aminés. Afin d'assimiler les protéines, le corps doit en briser la chaîne à l'aide d'enzymes digestives et de sucs gastriques. Un laborieux travail, cher en énergie. Après avoir été simplifiés en matériaux de construction microscopiques, les acides aminés sont absorbés dans les intestins pour ensuite être reconstruits en protéines humaines et utilisés à bien des fonctions, comme la création de fibres musculaires, d'enzymes, d'hormones ou de cellules.

Finalement, le monde végétal contient amplement de protéines pour subvenir aux besoins d'un athlète ou d'une mère qui allaite. L'astuce est simple: la variété! Les feuillus verts comme le chou frisé (kale) et les épinards, ainsi que les pousses de tournesol et les lentilles germées, sont des champions en acides aminés. De plus, la spiruline, le pollen d'abeille, les graines de chanvre, le sarrasin, les graines de citrouille et la chlorelle constituent des sources de protéines complètes.

Pâté oaxaca

TREMPAGE 8 À 12 HEURES
PRÉPARATION 15 MINUTES
PORTIONS 4
DONNE ENVIRON 750 ML (3 TASSES)
USTENSILE ROBOT CULINAIRE

270 G (2 TASSES) DE GRAINES DE TOURNESOL

2 G DE PIMENT CHIPOTLE SÉCHÉ (1 TRÈS PETIT PIMENT)

40 G (½ TASSE) DE TOMATES SÉCHÉES

190 ML (¾ TASSE) D'EAU

9 G (1 C. À SOUPE) DE PIMENT JALAPEÑO, ÉPÉPINÉ ET COUPÉ GROSSIÈREMENT

¼ GOUSSE D'AIL OU ¼ C. À CAFÉ (¼ C. À THÉ) DE PURÉE D'AIL (VOIR P. 25)

15 G (¼ TASSE) DE CORIANDRE FRAÎCHE, HACHÉE GROSSIÈREMENT (FEUILLES ET TIGES), BIEN TASSÉE

1 C. À CAFÉ (1 C. À THÉ) DE JUS DE CITRON

1 C. À CAFÉ (1 C. À THÉ) DE CHILI EN POUDRE

¼ C. À CAFÉ (¼ C. À THÉ) DE SEL DE MER

Faire tremper les graines de tournesol pendant 8 heures. Bien rincer en conservant l'eau de trempage. Donnera 450 g (3 tasses) de graines.

Recouvrir le piment chipotle d'eau et laisser tremper au moins 15 minutes (ou jusqu'à 12 heures). Jeter l'eau de trempage.

Faire tremper les tomates séchées dans 190 ml (¾ tasse) d'eau au moins 15 minutes (ou jusqu'à 12 heures). Conserver l'eau de trempage.

Mettre tous les ingrédients au robot culinaire (inclure l'eau de trempage des graines de tournesol et des tomates séchées) et mélanger jusqu'à l'obtention d'un pâté uniforme.

Déguster en trempette avec des crudités, dans une salade, sur des craquelins ou en sandwich.

Se conserve 3 ou 4 jours au réfrigérateur dans un contenant hermétique.

Pâté photon

TREMPAGE **8 HEURES**
PRÉPARATION 20 MINUTES
PORTIONS 4
DONNE ENVIRON 500 ML (2 TASSES)
USTENSILE ROBOT CULINAIRE

PHOTON

135 G (1 TASSE) DE GRAINES DE TOURNESOL

35 G (1/3 TASSE) DE NOIX DE GRENOBLE

1 C. À SOUPE DE SAUCE TAMARI SANS BLÉ

15 G (1/4 TASSE) DE GOÉMON EN FLOCONS,
OU DE GOÉMON ENTIER, COUPÉ EN TRÈS
PETITS MORCEAUX À L'AIDE DE CISEAUX

MÉLANGE DE LÉGUMES

125 G DE CÉLERI, COUPÉ EN BRUNOISE
(2 OU 3 BRANCHES)

15 G (2 C. À SOUPE) D'OIGNON VERT,
D'ÉCHALOTE OU D'OIGNON ROUGE, CISELÉ FIN

2 C. À SOUPE D'ANETH FRAIS, HACHÉ FIN

Faire tremper les graines de tournesol et les noix de Grenoble pendant 8 heures. Bien rincer graines et noix et jeter l'eau de trempage.

Au robot culinaire, broyer les ingrédients du photon en un pâté uniforme.

Dans un saladier, mélanger le photon, le mélange de légumes coupés et la mayonnaise (voir ci-dessous).

Déguster en trempette avec des crudités, dans une salade, sur des craquelins ou en sandwich.

Se conserve 5 jours au réfrigérateur dans un contenant hermétique.

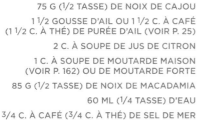

75 G (1/2 TASSE) DE NOIX DE CAJOU

1 1/2 GOUSSE D'AIL OU 1 1/2 C. À CAFÉ
(1 1/2 C. À THÉ) DE PURÉE D'AIL (VOIR P. 25)

2 C. À SOUPE DE JUS DE CITRON

1 C. À SOUPE DE MOUTARDE MAISON
(VOIR P. 162) OU DE MOUTARDE FORTE

85 G (1/2 TASSE) DE NOIX DE MACADAMIA

60 ML (1/4 TASSE) D'EAU

3/4 C. À CAFÉ (3/4 C. À THÉ) DE SEL DE MER

« Mayonnaise »

TREMPAGE **4 HEURES**
DONNE 1 TASSE
USTENSILE MIXEUR

Faire tremper les noix de cajou pendant 4 heures, puis bien rincer. Jeter l'eau de trempage.

Au mixeur, réduire tous les ingrédients de la mayonnaise en une sauce crémeuse et sans morceaux de noix. Rajouter de l'eau, si cela est nécessaire.

Se conserve 3 ou 4 jours au réfrigérateur dans un contenant hermétique.

Pâté forestier

TREMPAGE **8 HEURES**
PRÉPARATION **15 MINUTES**
PORTIONS **4**
DONNE ENVIRON 625 ML (2 ½ TASSES)
USTENSILE ROBOT CULINAIRE

135 G (1 TASSE) DE GRAINES DE TOURNESOL

70 G (⅔ TASSE) DE NOIX DE GRENOBLE

100 G (1 TASSE) DE PIEDS DE CHAMPIGNONS
(OU DE CHAMPIGNONS COMPLETS,
COUPÉS EN MORCEAUX), BIEN TASSÉS

15 G (¼ TASSE) D'ANETH FRAIS, HACHÉ
GROSSIÈREMENT (FEUILLES ET TIGES),
BIEN TASSÉ

2 C. À SOUPE DE NAMA SHOYU
(OU DE SAUCE TAMARI SANS BLÉ)

1 GOUSSE D'AIL OU 1 C. À CAFÉ (1 C. À THÉ)
DE PURÉE D'AIL (VOIR P. 25)

¼ C. À CAFÉ (¼ C. À THÉ) DE SEL DE MER

½ C. À CAFÉ (½ C. À THÉ) DE POIVRE
NOIR MOULU

Faire tremper les graines de tournesol et les noix de Grenoble pendant 8 heures. Bien rincer graines et noix, et jeter l'eau de trempage.

Au robot culinaire, réduire les noix de Grenoble en purée ; ajouter un peu d'eau, si cela est nécessaire.

Ajouter le reste des ingrédients et mélanger jusqu'à l'obtention d'un mélange crémeux et lisse.

Ce pâté est utilisé pour farcir les Capuchons de champignons (voir p. 135). On peut aussi le déguster en trempette avec des crudités, dans une salade, sur des craquelins ou en sandwich.

Se conserve 4 jours au réfrigérateur dans un contenant hermétique.

LES JARDINS EN VILLE

Idéalistes et doucement révolutionnaires, nous avons toujours rêvé d'une ville verdoyante avec des arbres partout et des toits couverts de plantes. Non pas des plantes et des arbres décoratifs, mais bien des plantes nutritives et fonctionnelles, et des arbres fruitiers. De la nourriture et de la médecine poussant en ville!

Les habitants de Cuba, à la suite de la raréfaction alimentaire due à l'embargo américain, nous ont prouvé qu'avec un effort commun, ce rêve devient vite réalité. Ils ont réussi le tour de force d'utiliser chaque petit coin de terre pour y jardiner des légumes, planter des arbres, entretenir quelques poulets et, ainsi, redevenir autonomes sur le plan alimentaire.

Grâce aux arrière-cours privées, aux jardins communautaires, aux toits verts comestibles et aux multiples projets universitaires, ce rêve commun prend forme à Montréal. Voilà même que le Palais des Congrès, au cœur de la ville, nous offre des centaines de mètres carrés pour y jardiner nos propres légumes et fines herbes. Au Québec, le projet des jardins de Crudessence en association avec Alternative est le premier projet de jardin sur toits à des fins de restauration alimentaire. Une expérience à cultiver! De plus, non seulement les plantes nourriront les citadins, mais elles contribueront à rafraîchir la ville, à éliminer des îlots de chaleur, à réduire les gaz à effet de serre et à permettre le rétablissement des abeilles.

Pesto de pistaches au basilic

TREMPAGE **4 HEURES**
PRÉPARATION **15 MINUTES**
DONNE ENVIRON 375 ML (1 1/2 TASSE)
USTENSILE MIXEUR

75 G (½ TASSE) DE PISTACHES

50 G (⅓ TASSE) DE NOIX DE CAJOU

60 G (1 TASSE) DE BASILIC FRAIS (FEUILLES ET TIGES), BIEN TASSÉ

1 ½ GOUSSE D'AIL OU ½ C. À SOUPE DE PURÉE D'AIL (VOIR P. 25)

125 ML (½ TASSE) D'HUILE D'OLIVE

½ C. À CAFÉ (½ C. À THÉ) DE SEL DE MER

Faire tremper les pistaches et les noix de cajou pendant 4 heures. Bien rincer après le trempage.

Au mixeur, réduire tous les ingrédients en une pâte crémeuse et onctueuse.

Se conserve 1 semaine au réfrigérateur dans un contenant hermétique ou 6 mois au congélateur.

Fermentation

Fromage de noix de cajou

TREMPAGE 4 HEURES
PRÉPARATION 20 MINUTES
FERMENTATION **12 HEURES**
DONNE ENVIRON 500 ML (2 TASSES)
USTENSILE MIXEUR

300 G (2 TASSES) DE NOIX DE CAJOU

180 ML (3/4 TASSE) D'EAU

1 1/2 C. À SOUPE DE MISO OU 2 C. À SOUPE DE FROMAGE DE CAJOU DÉJÀ FERMENTÉ

1 1/2 C. À CAFÉ (1 1/2 C. À THÉ) D'HUILE DE NOIX DE COCO, FONDUE

1 C. À SOUPE DE JUS DE CITRON

1/4 C. À CAFÉ (1/4 C. À THÉ) DE SEL DE MER

Faire tremper les noix de cajou pendant 4 heures, puis bien rincer. Jeter l'eau de trempage.

Mettre les noix de cajou, l'eau et le miso (ou le fromage déjà fermenté) au mixeur. Réduire le tout en crème jusqu'à la disparition de tous les morceaux de noix de cajou.

Mettre dans un saladier et couvrir d'une pellicule plastique touchant le fromage : il s'agit d'une fermentation qui se fait sans air.

Laisser fermenter 12 heures, à la température de la pièce.

Une fois fermenté, incorporer à la spatule l'huile de coco fondue, le jus de citron et le sel de mer.

Ce fromage se déguste tel quel, agrémenté d'herbes fraîches, ou peut être utilisé lors de la préparation du gâteau faux-mage (voir p. 200).

Se conserve 10 jours au réfrigérateur dans un contenant hermétique.

LES ENZYMES

Ces petits êtres vivants sont bien populaires dans le monde du crudivorisme, mais parfois mal compris.

Les enzymes sont des protéines fonctionnelles qui existent dans la nature sous des milliers de formes. Réels catalyseurs de processus biochimiques, elles permettent une accélération de la digestion des aliments et participent directement à la construction des tissus de notre corps. Il y a des enzymes métaboliques et des enzymes digestives.

Plusieurs crudivores affirment qu'un aliment auquel on a épargné la cuisson conserve toutes ses enzymes et que celles-ci digéreront l'aliment dans l'estomac. Voilà une demi-vérité. La chaleur détruit en effet la vie enzymatique et, donc, cuire un aliment nous empêchera de profiter pleinement de ses effets. Par contre, après digestion, l'enzyme sera détruite en raison du pH très acide de l'estomac (pH de 3) et transformée en acides aminés. « Inutile de manger cru », direz-vous !

Cependant, les recherches du Dr Gabriel Cousens confirment que les enzymes contenues dans un aliment seront utiles à la digestion de celui-ci durant la première heure de digestion, pendant laquelle le pH de l'estomac est viable (pH de 5). De plus, les enzymes digérées, transformées en acides aminés, sont de bien meilleure qualité que des enzymes détruites par la cuisson.

Dans la cuisine de Crudessence, les enzymes sont le feu de la vie qui nous aide à transformer les aliments avant leur ingestion. En effet, le trempage, la germination et la fermentation sont l'art d'utiliser la puissance des enzymes à l'extérieur de notre corps. Ces microcuisiniers font un grand travail, allégeant ainsi notre propre digestion.

Kéfir

PRÉPARATION 20 MINUTES
FERMENTATION 2 JOURS
DONNE 2 LITRES (8 TASSES)
USTENSILES CONTENANT EN VERRE DE 2 LITRES, MORCEAU DE TISSU
FIN OU MICROPERFORÉ DE TYPE MOUSTIQUAIRE

80 ML (1/3 TASSE) DE NECTAR D'AGAVE
(OU DE SUCANAT OU DE SUCRE DE CANNE
BIOLOGIQUE ET ÉQUITABLE)

1,75 LITRE (7 TASSES) D'EAU

125 G (1/2 TASSE) DE GRAINES DE KÉFIR

1 CITRON, COUPÉ EN RONDELLES

4 FIGUES SÉCHÉES OU TOUT AUTRE
FRUIT SÉCHÉ

POUR SE PROCURER LES GRAINES DE KÉFIR,
ALLER SUR LE SITE WWW.CRUDESSENCE.COM

Dans le contenant en verre, dissoudre le sucre dans l'eau.

Ajoutez les graines de kéfir, les rondelles de citron et les figues séchées.

Recouvrir d'un tissu fin et fixer à l'aide d'un élastique ou d'une cordelette (le tissu permet de laisser passer l'air, mais pas la poussière). Entreposer dans un endroit tempéré (de 18 °C à 25 °C), à l'abri de la lumière. Laisser fermenter pendant 2 jours.
Le kéfir est prêt quand les figues remontent à la surface.
Durant la fermentation, il se forme un dépôt blanc naturel, c'est la prolifération des graines de kéfir.

Mettre dans une passoire pour récupérer les graines. Les rincer à l'eau courante. Elles peuvent être directement replacées dans un nouveau kéfir ou conservées dans de l'eau au réfrigérateur.

Jeter les fruits séchés et presser les tranches de citron dans la boisson.

Le kéfir est prêt à être dégusté ou embouteillé et placé au réfrigérateur afin de stopper la fermentation.

Fermenté 1 jour, le kéfir sera un peu laxatif; fermenté 2 ou 3 jours, il sera rempli de probiotiques.

Se conserve 4 jours au réfrigérateur dans un contenant hermétique.

Kombucha

PRÉPARATION **20 MINUTES**
FERMENTATION **10 À 15 JOURS**
DONNE 4 LITRES (16 TASSES)
USTENSILES CONTENANT EN VERRE DE 4 LITRES,
CUILLÈRE EN BOIS, MORCEAU DE TISSU FIN OU MICROPERFORÉ
DE TYPE MOUSTIQUAIRE

3 C. À SOUPE OU 4 SACHETS DE THÉ AU CHOIX (LE NOIR ET LE VERT SONT LES PLUS EFFICACES GRÂCE À LEUR GRANDE CONCENTRATION EN TANNINS)

3 C. À SOUPE OU 4 SACHETS DE TISANE, AU CHOIX

500 ML (2 TASSES) D'EAU BOUILLANTE

120 À 180 G (3/4 À 1 TASSE) DE SUCRE (DE PRÉFÉRENCE SUCANAT OU SUCRE DE CANNE, BIOLOGIQUE ET ÉQUITABLE)

3 LITRES (12 TASSES) D'EAU (FILTRÉE DE PRÉFÉRENCE)

350 ML (1 ½ TASSE) DE « BASE » DE KOMBUCHA DÉJÀ PRÊTE, CELLE DE CRUDESSENCE OU D'UN AMI…

1 « MAMAN » (CULTURE) DE KOMBUCHA

POUR SE PROCURER UNE « MAMAN » KOMBUCHA, ALLER SUR LE SITE WWW.CRUDESSENCE.COM.

Dans une théière, faire infuser le thé et la tisane dans l'eau bouillante.

Filtrer l'infusion et verser dans le contenant en verre de 4 litres. Ajouter le sucre et mélanger pour le dissoudre.

Ajoutez l'eau froide et les 350 ml de « base ». Quand le mélange est à température ambiante, ajouter la « maman ». Toujours mélanger avec une cuillère en bois ; éviter les ustensiles de métal, nocifs pour la culture. De plus, il est important de bien se laver les mains avant tout contact avec la « maman ». Il doit rester 10 % d'espace vide dans le contenant, afin qu'il y ait un minimum de circulation d'air.

Recouvrir d'un tissu fin et fixer à l'aide d'un élastique ou d'une cordelette (le tissu permet de laisser passer l'air, mais pas la poussière). Entreposer dans un endroit sec et propre dont la température est supérieure à 18 °C (idéalement entre 23 °C et 26 °C).

Laissez fermenter de 10 à 15 jours en fonction de la température, de la quantité de sucre et de la vitalité de la culture. Y goûter est le meilleur des repères. À chaque étape, il est possible de rajouter du sucre, du thé, de la tisane, de l'eau ou de la « base ».

Lorsque le niveau d'acidité est satisfaisant, embouteiller dans des contenants en verre et fermer hermétiquement. Nommer et dater les bouteilles. Conserver quelques jours à température ambiante pour créer de l'effervescence. Goûter encore jusqu'à ce que les niveaux d'effervescence, de sucre et d'acidité soient satisfaisants.

Conserver ensuite au réfrigérateur. Cela ralentira la fermentation et le kombucha se conservera plusieurs mois sans s'altérer.

Se conserve 6 mois au réfrigérateur dans un contenant en verre hermétique.

LE KOMBUCHA

L'élixir de longue vie

Contrairement au langage populaire, qui le définit comme un champignon, le kombucha est en fait une culture bactérienne complexe faite de 6 levures et de 6 bactéries. De cette symbiose résulte une galette gélatineuse que l'on appelle la « mère de kombucha » ou la « maman ».

Originaire de la Chine, cet élixir, obtenu par la fermentation du sucre et du thé, facilite la digestion, soutient le système immunitaire et constitue une excellente source de probiotiques et d'acides organiques.

100

Choucroute

PRÉPARATION 30 MINUTES
FERMENTATION **21 JOURS**
DONNE 2 VERRINES DE 500 ML (2 TASSES) OU POTS MASON

1,25 KG DE CHOU VERT,
COUPÉ EN LAMELLES (1 1/2 CHOU MOYEN)

25 G (ENVIRON 1 1/2 C. À SOUPE) DE SEL
DE MER

2 C. À SOUPE DE BAIES DE GENÉVRIER

2 FEUILLES DE LAURIER

Dans un grand saladier ou un seau, masser tous les ingrédients ensemble pendant quelques minutes.

Tasser le tout très fort dans un seau ou dans plusieurs verrines (pots Mason) préalablement stérilisés. Il faut écraser avec les mains jusqu'à ce que le chou soit recouvert de sa propre eau afin d'évacuer tout air du contenant. Il faut également remplir le contenant au maximum. La choucroute est une fermentation anaérobique (sans oxygène) : le chou doit être complètement immergé. Si certains morceaux ressortent à la surface, ils risquent de moisir. Dans ce cas, il suffira de les jeter. Le reste de la choucroute n'en sera pas affecté.

Poser le couvercle sans le fermer hermétiquement et couvrir d'un poids.

Déposer les pots de choucroute dans un contenant plus grand ou une assiette creuse afin de récupérer le liquide qui peut s'écouler durant la fermentation. Tenir à l'abri de la lumière directe, dans un endroit où il y aura au moins un peu de circulation d'air.

Laisser fermenter 21 jours, entre 18 °C et 24 °C ; la fermentation s'effectuera plus ou moins vite selon la température de stockage.

Après 21 jours, goûter. Si la choucroute est encore trop salée, laisser fermenter 72 heures supplémentaires. Quand la choucroute est prête, conserver au réfrigérateur pour ralentir la fermentation.

Quelle que soit la quantité que l'on fait, le secret de la choucroute est de respecter la proportion suivante : le poids de sel doit être égal à 2 % du poids du chou. Il est également possible de remplacer ⅓ du chou vert par du chou rouge pour obtenir une choucroute rouge. Les épices peuvent être modifiées au goût et il est possible d'ajouter d'autres légumes.

Se conserve 6 mois au réfrigérateur dans un contenant en verre hermétique.

Kimchee

PRÉPARATION 20 MINUTES
FERMENTATION **3 À 4 JOURS**
DONNE 2 VERRINES DE 500 ML (2 TASSES)

50 G (1/4 TASSE) DE SEL DE MER

1 LITRE (4 TASSES) D'EAU TIÈDE

1 GROS CHOU CHINOIS, COUPÉ EN LAMELLES

1 DAIKON (RADIS BLANC GÉANT JAPONAIS) MOYEN, COUPÉ EN JULIENNE

1/2 C. À CAFÉ (1/2 C. À THÉ) DE PIMENT DE CAYENNE MOULU

5 OIGNONS VERTS, COUPÉS EN BISEAU

2 C. À CAFÉ (2 C. À THÉ) DE PURÉE D'AIL (VOIR P. 25) OU 2 GOUSSES D'AIL, HACHÉES FIN

35 G (1/4 TASSE) DE GINGEMBRE RÂPÉ

1 À 3 C. À SOUPE DE FLOCONS DE PIMENTS ROUGES BROYÉS

2 C. À SOUPE DE NECTAR D'AGAVE

1 C. À CAFÉ (1 C. À THÉ) D'HUILE DE SÉSAME RÔTIE

Dans un saladier, dissoudre le sel dans l'eau tiède. Y placer les morceaux de chou et la julienne de daikon. Laisser reposer pendant 3 à 4 heures.

Égoutter, puis rincer le chou et le daikon sous l'eau courante pour enlever l'excédent de sel.

Placer dans un bol, ajouter le reste des ingrédients et bien mélanger.

Verser le tout dans un grand bocal préalablement stérilisé. Il faut écraser avec les mains jusqu'à ce que le mélange soit recouvert de sa propre eau afin d'évacuer tout l'air du contenant. Le bocal doit être rempli au maximum ; compléter d'eau au besoin.

Poser le couvercle sans le fermer hermétiquement et couvrir d'un poids.

Déposer les pots de kimchee dans un contenant plus grand ou une assiette creuse afin de récupérer le liquide qui peut s'écouler durant la fermentation. Tenir à l'abri de la lumière directe, dans un endroit où il y aura au moins un peu de circulation d'air. Laisser mariner au minimun 3 à 4 jours avant de déguster, mais pas plus de 7 jours. Conserver ensuite au réfrigérateur pour ralentir la fermentation.

Se conserve 6 mois au réfrigérateur dans un contenant en verre hermétique.

Yogourt de noix

TREMPAGE **4 HEURES**
PRÉPARATION 30 MINUTES
FERMENTATION **8 HEURES**
DONNE ENVIRON 375 ML (1 ½ TASSE)
USTENSILES MIXEUR, DÉSHYDRATEUR OU YAOURTIÈRE

110 G (3/4 TASSE) DE NOIX DE CAJOU

310 ML (1 1/4 TASSE) D'EAU

3 C. À SOUPE DE NECTAR D'AGAVE

5 G (UN SACHET) DE BASE DE YOGOURT
OU 60 G (1/4 TASSE) DE YOGOURT DÉJÀ
FERMENTÉ (OU UN YOGOURT PROBIOTIQUE
ACTIF PROVENANT D'UNE BOUTIQUE
D'ALIMENTS NATURELS). LES YOGOURTS DE
GRANDE SURFACE NE SONT PAS ACTIFS.

1/8 C. À CAFÉ (1/8 C. À THÉ) D'AGAR-AGAR

2 C. À SOUPE D'EAU

2 C. À SOUPE D'HUILE DE NOIX DE COCO,
FONDUE

Faire tremper les noix de cajou pendant 4 heures, puis bien rincer. Jeter l'eau de trempage.

Au mixeur, broyer les noix de cajou, l'eau et le nectar d'agave en une crème onctueuse.

Ajouter la base de yogourt ou le yogourt déjà fermenté et mélanger quelques instants pour l'incorporer.

Mettre le mélange dans un pot en verre de 500 ml (de type Mason) (le pot doit tenir debout dans votre déshydrateur), sinon, diviser en 2 plus petits pots. Fermer hermétiquement avec une pellicule plastique. Entourer et serrer le plastique avec l'anneau de métal du pot, ou à défaut, avec du ruban adhésif, pour en assurer l'étanchéité.

Mettre au déshydrateur à 40 °C (105 °F) pendant 8 heures.

Dans une casserole, mettre l'eau et l'agar-agar et porter à ébullition.

Pendant ce temps, mettre le yogourt au mixeur et incorporer l'huile de coco fondue alors qu'il tourne.

Une à deux minutes après ébullition, le mélange eau et agar-agar doit avoir une texture un peu collante et une couleur blanchâtre. Bien mélanger, puis ajouter au mixeur et incorporer en laissant tourner brièvement.

Mettre le yogourt au réfrigérateur et laisser durcir au moins 1 heure.

Le principe fondamental de la fermentation du yogourt est d'amener la température du lait de noix entre 28 °C et 40 °C, selon la culture (base) choisie. En dessous de cette chaleur, la fermentation n'aura pas lieu. Au-dessus, les bactéries seront tuées par la chaleur.

Il est possible de faire du yogourt sans les ustensiles recommandés, dans une pièce ou la température atteint un minimun de 28 °C.

Se conserve 1 semaine au réfrigérateur dans un contenant hermétique.

Déshydratation

Boulettes sin carne

TREMPAGE **8 HEURES**
PRÉPARATION **30 MINUTES**
DÉSHYDRATATION **ENVIRON 12 HEURES**
DONNE 22 BOULETTES
USTENSILES ROBOT CULINAIRE, DÉSHYDRATEUR

200 G (1 ¼ TASSE) DE GRAINES DE TOURNESOL

2 C. À SOUPE D'HUILE DE TOURNESOL

2 C. À SOUPE DE VINAIGRE DE CIDRE DE POMME

1 C. À CAFÉ (1 C. À THÉ) DE SAUCE TAMARI SANS BLÉ

50 G (1/3 TASSE) DE CAROTTE, RÂPÉE

25 G (1/3 TASSE) DE CÉLERI, COUPÉ EN TRÈS PETITS DÉS (1 OU 2 BRANCHES)

1 C. À CAFÉ (1 C. À THÉ) DE PURÉE D'AIL (VOIR P. 25) OU 1 GOUSSE D'AIL

35 G (1/3 TASSE) D'OIGNON, CISELÉ FIN

15 G (1/4 TASSE) DE PERSIL HACHÉ

3 C. À SOUPE DE CIBOULETTE SÈCHE

1 C. À SOUPE DE POUDRE DE CHILI

3 C. À SOUPE DE LEVURE ALIMENTAIRE

1/2 C. À CAFÉ (1/2 C. À THÉ) DE SEL DE MER

1/2 C. À CAFÉ (1/2 C. À THÉ) DE POIVRE NOIR MOULU

40 G (6 C. À SOUPE) DE GRAINES DE TOURNESOL MOULUES

Faire tremper les graines de tournesol pendant 8 heures, puis bien rincer. Jeter l'eau de trempage.

Au robot culinaire, mélanger en beurre les graines de tournesol, l'huile, le vinaigre et la sauce tamari sans blé. Réserver.

Au robot culinaire, hacher fin les carottes et le céleri. Procéder par à-coups pour ne pas les réduire en purée.

Mettre dans un saladier avec le beurre de tournesol et le reste des ingrédients et mélanger à la main pour former une pâte uniforme.

Dans le creux de la main, former des petites boulettes d'environ 1 ½ c. à soupe (20 g) de pâte. Huiler les mains au besoin.

Répartir sur une grille et déshydrater à 40 °C (105 °F) pour 12 heures.

Les boulettes doivent être dures à l'extérieur, mais encore tendres l'intérieur.

Se conserve de 5 à 7 jours au réfrigérateur dans un contenant hermétique.

Falafels vivants

TREMPAGE **8 HEURES**
PRÉPARATION **30 MINUTES**
DÉSHYDRATATION **ENVIRON 10 HEURES**
PORTIONS 18 FALAFELS
USTENSILES ROBOT CULINAIRE, DÉSHYDRATEUR

30 G (3 C. À SOUPE) DE GRAINES DE SÉSAME

100 G (1 TASSE) DE NOIX DE GRENOBLE

150 G (1 TASSE) D'AMANDES NON PELÉES

50 G (1/3 TASSE) DE GRAINES DE SÉSAME, MOULUES

2 C. À SOUPE DE JUS DE CITRON

6 G (1 C. À SOUPE) DE PIMENT JALAPEÑO, HACHÉ OU 1/2 C. À CAFÉ (1/2 C. À THÉ) DE PIMENT DE CAYENNE MOULU

30 G (1/2 TASSE) DE PERSIL FRISÉ FRAIS, HACHÉ (FEUILLES ET TIGES), BIEN TASSÉ

30 G (1/2 TASSE) DE CORIANDRE FRAÎCHE, HACHÉE (FEUILLES ET TIGES), BIEN TASSÉE

6 G (1 C. À SOUPE) DE MENTHE, HACHÉE

1 C. À SOUPE DE PURÉE D'AIL (VOIR P. 25) OU 2 GOUSSES D'AIL

60 ML (1/4 TASSE) D'HUILE D'OLIVE

2 C. À CAFÉ (2 C. À THÉ) D'ORIGAN MOULU

1/2 C. À CAFÉ (1/2 C. À THÉ) DE POIVRE NOIR MOULU

1 1/2 C. À CAFÉ (1 1/2 C. À THÉ) DE CUMIN

1 C. À CAFÉ (1 C. À THÉ) DE SEL DE MER

1 C. À CAFÉ (1 C. À THÉ) DE LEVURE ALIMENTAIRE

Faire tremper les graines de sésame, les noix de Grenoble et les amandes non pelées pendant 8 heures, puis bien rincer. Jeter l'eau de trempage.

Au robot culinaire, mélanger tous les ingrédients, sauf les graines et les noix, en une purée uniforme.

Ajouter les graines et les noix et broyer jusqu'à ce que ces dernières soient toutes réduites en morceaux de la taille des graines de sésame.

Préparer des boulettes avec 3 c. à soupe de mélange chacune.

Les aplatir entre la paume des mains et les répartir sur une grille de déshydrateur.

Mettre au déshydrateur à 40 °C (105 °F) pour 10 heures. Retourner en milieu de cycle.

Les falafels doivent être secs et légèrement croquants à l'extérieur et encore humides à l'intérieur.

Se conserve de 5 à 7 jours au réfrigérateur dans un contenant hermétique.

Tortilla

PRÉPARATION 30 MINUTES
DÉSHYDRATATION **ENVIRON 7 HEURES**
DONNE 15 TORTILLAS
USTENSILES MIXEUR, DÉSHYDRATEUR, FEUILLES TEFLEX

60 G (½ TASSE) DE GRAINES DE LIN MOULUES

175 G (1 ¼ TASSE) DE GRAINS DE MAÏS CRUS, FRAIS OU CONGELÉS (LE CAS ÉCHÉANT, BIEN ÉGOUTTER LORS DE LA DÉCONGÉLATION)

180 G (1 ⅓ TASSE) DE POIVRON ROUGE, PARÉ, COUPÉ GROSSIÈREMENT

200 G (1 ¼ TASSE) DE COURGETTE, PARÉE, COUPÉE GROSSIÈREMENT (1 COURGETTE MOYENNE)

120 G DE CAROTTE PARÉE, COUPÉE GROSSIÈREMENT, BIEN TASSÉE (1 ½ CAROTTE MOYENNE)

1 C. À SOUPE DE JUS DE CITRON

3 C. À SOUPE D'HUILE D'OLIVE

1 C. À CAFÉ (1 C. À THÉ) DE CUMIN MOULU

1 ½ C. À CAFÉ (1 ½ C. À THÉ) DE POUDRE DE CHILI

½ C. À CAFÉ (½ C. À THÉ) DE SEL DE MER

Mettre tous les ingrédients au mixeur, sauf la poudre de lin, et broyer jusqu'à l'obtention d'une purée liquide et lisse.

Mettre le mélange dans un bol et incorporer la poudre de lin à la main. Laisser reposer 20 minutes, le temps que le lin crée son mucilage.

Déposer 3 galettes de 3 c. à soupe du mélange chacune, par feuille Teflex. Le mélange doit être liquide, mais tenir en place sur les feuilles Teflex. Si nécessaire, ajouter jusqu'à 60 g (½ tasse) de graines de lin moulues.

Avec une spatule, coudée de préférence, étaler en galettes de 15 cm (6 po) de diamètre.

Mettre au déshydrateur à 40 °C (105 °F) pendant 4 à 5 heures.

Dès que possible, les retourner et déshydrater encore à 45 °C (115 °F) jusqu'à ce que les deux côtés soient également secs (1 à 2 heures). Les tortillas doivent être molles et plier sans casser.

Se conserve 2 semaines au réfrigérateur dans un contenant hermétique, un papier parchemin séparant les tortillas.

Nachos

PRÉPARATION 45 MINUTES
DÉSHYDRATATION **16 HEURES**
DONNE 160 NACHOS
USTENSILES MIXEUR, DÉSHYDRATEUR, FEUILLES TEFLEX

6 C. À SOUPE DE ROMARIN SEC ENTIER

300 G (2 ½ TASSES) DE GRAINES DE LIN MOULUES

75 G (½ TASSE) D'OIGNON ROUGE, COUPÉS GROSSIÈREMENT

1 LITRE (4 TASSES) D'EAU

150 G (1 ½ TASSE) DE TOMATES SÉCHÉES

3 C. À SOUPE DE VINAIGRE DE CIDRE DE POMME

½ C. À SOUPE DE SEL DE MER

½ C. À CAFÉ (½ C. À THÉ) DE POUDRE D'AIL

¼ C. À CAFÉ (¼ C. À THÉ) DE POIVRE NOIR MOULU

¼ C. À CAFÉ (¼ C. À THÉ) DE PIMENT DE CAYENNE MOULU

Broyer grossièrement la moitié du romarin à l'aide d'un rouleau à pâtisserie ou d'un mortier. Réserver.

Mettre le romarin restant et tous les autres ingrédients, sauf le lin moulu, au mixeur. Broyer en une purée uniforme.

Verser dans un bol et incorporer manuellement le lin moulu et le romarin broyé.

Déposer 250 ml (1 tasse) du mélange sur une feuille Teflex et répartir avec une spatule pour créer une surface plane et uniforme.

En dessinant des traits légers à la spatule, séparer la plaque en 32 triangles (4 x 4 carrés coupés en deux).

Répéter l'opération pour chaque plateau.

Mettre au déshydrateur à 40 °C (105 °F) pour 16 heures. Les retourner au milieu du cycle (8 heures). Les nachos sont prêts quand ils sont complètement secs et craquants.

Se conserve 2 mois à la température de la pièce dans un contenant hermétique.

Pains à l'oignon

PRÉPARATION 35 MINUTES
DÉSHYDRATATION **ENVIRON 16 HEURES**
DONNE 32 PAINS
USTENSILES DÉSHYDRATEUR, MANDOLINE

90 G (3/4 TASSE) DE GRAINES DE LIN MOULUES

75 G (3/4 TASSE) DE GRAINES DE TOURNESOL, MOULUES

1/8 C. À CAFÉ (1/8 C. À THÉ) DE POIVRE NOIR MOULU

1 C. À CAFÉ (1 C. À THÉ) DE THYM

1 C. À CAFÉ (1 C. À THÉ) DE SEL DE MER

1 GOUSSE D'AIL OU 1 C. À CAFÉ (1 C. À THÉ) DE PURÉE D'AIL (VOIR P. 25)

150 G (1 OIGNON MOYEN) D'OIGNON JAUNE, COUPÉ EN LAMELLES FINES, À LA MANDOLINE DE PRÉFÉRENCE

2 C. À SOUPE D'HUILE DE TOURNESOL

125 ML (1/2 TASSE) D'EAU

Dans un grand contenant, mélanger tous les ingrédients secs.

Incorporer les ingrédients humides (ail, oignons et huile), puis ajouter l'eau et mélanger à la main jusqu'à l'obtention d'une pâte uniforme.

Placer une grille de déshydrateur sur une planche à découper ou un plan de travail recouvert de papier parchemin.

Répartir le mélange sur la grille du déshydrateur. Utiliser une spatule, coudée de préférence, ou les mains pour égaliser la pâte. Afin de simplifier l'étalage, recouvrir la pâte d'une feuille Teflex (ou de papier parchemin) et presser avec un rouleau à pâtisserie pour répartir sommairement la pâte sur toute la grille. Avec une spatule, décoller la feuille Teflex de la pâte et égaliser l'étalage.

En dessinant des traits légers à la spatule, séparer la plaque en 32 triangles (4 x 4 carrés, coupés en deux).

Mettre au déshydrateur à 40 °C (105 °F) pendant 16 heures. Retourner en milieu de cycle (après 8 heures). Les pains à l'oignon doivent être secs, mais pas cassants, et les morceaux d'oignon doivent rester tendres.

Se conserve 3 semaines au réfrigérateur dans un contenant hermétique.

Croûtes à Pizza

PRÉPARATION 40 MINUTES
DÉSHYDRATATION **ENVIRON 13 HEURES**
DONNE 16 CROÛTES À PIZZA
USTENSILES ROBOT CULINAIRE, DÉSHYDRATEUR

860 G (8 TASSES) DE SARRASIN GERMÉ, HUMIDE OU DÉSHYDRATÉ

180 G (1 1/2 TASSE) DE GRAINES DE LIN MOULUES

220 G (1 1/2 TASSE) DE COURGETTE, PARÉE, COUPÉE GROSSIÈREMENT (1 COURGETTE MOYENNE)

200 G (2 TASSES) D'OIGNON, COUPÉ GROSSIÈREMENT

2 GOUSSES D'AIL OU 1 C. À SOUPE DE PURÉE D'AIL (VOIR P. 25)

60 G (1/3 TASSE) DE GRAINES DE LIN

80 ML (1/3 TASSE) D'HUILE D'OLIVE

70 G (3/4 TASSE) DE TOMATES SÉCHÉES

1/2 C. À CAFÉ (1/2 C. À THÉ) DE SEL DE MER

1 C. À SOUPE DE PSYLLIUM

1 1/2 C. À SOUPE DE SAUGE

2 C. À SOUPE DE MARJOLAINE SÈCHE

1 C. À SOUPE DE CIBOULETTE SÈCHE

1 C. À SOUPE D'ORIGAN SEC

1 C. À CAFÉ (1 C. À THÉ) DE POUDRE D'AIL

1/4 C. À CAFÉ (1/4 C. À THÉ) DE PIMENT DE CAYENNE

Mettre tous les ingrédients au robot culinaire et mélanger en une pâte uniforme. Procéder en 3 ou 4 fois, si cela est nécessaire. Si on utilise du sarrasin déshydraté, ajouter jusqu'à 250 ml (1 tasse) d'eau, au besoin.

Répartir 500 ml (2 tasses) de ce mélange sur une grille du déshydrateur. Utiliser une spatule, coudée de préférence, ou les mains pour égaliser la pâte. Afin de simplifier l'étalage, recouvrir la pâte d'une feuille Teflex (ou de papier parchemin) et presser avec un rouleau à pâtisserie pour répartir sommairement la pâte sur toute la grille. Avec une spatule, décoller la feuille Teflex de la pâte et égaliser l'étalage.

Mettre au déshydrateur à 40 °C (105 °F) pendant environ 12 heures.

Retourner, déposer sur une grille et remettre au déshydrateur pendant environ 1 heure, jusqu'à ce que les deux côtés soient complètement secs.

Se conserve 1 mois au réfrigérateur dans un contenant hermétique.

Crêpes sucrées

PRÉPARATION 20 MINUTES
DÉSHYDRATATION **8 À 10 HEURES**
DONNE 8 CRÊPES
USTENSILES ROBOT CULINAIRE, MIXEUR, DÉSHYDRATEUR, FEUILLES TEFLEX

280 G (2 TASSES) DE NOIX DU BRÉSIL

450 G (3 TASSES) DE BANANES FRAÎCHES OU CONGELÉES

2 C. À SOUPE D'HUILE D'OLIVE

1 C. À CAFÉ (1 C. À THÉ) D'ESSENCE DE VANILLE SANS ALCOOL

1/4 C. À CAFÉ (1/4 C. À THÉ) DE NOIX DE MUSCADE MOULUE

1/8 C. À CAFÉ (1/8 C. À THÉ) DE SEL DE MER

EAU
125 ML (1/2 TASSE) SI L'ON UTILISE DES BANANES FRAÎCHES

160 ML (2/3 TASSE) SI L'ON UTILISE DES BANANES CONGELÉES

Au robot culinaire, réduire les noix du Brésil en un beurre liquide et crémeux, si possible.

Passer les autres ingrédients au mixeur jusqu'à l'obtention d'un liquide uniforme.

Ajouter le beurre de noix du Brésil au mixeur et broyer de nouveau jusqu'à l'obtention d'une pâte uniforme et lisse.

Étaler 125 ml (½ tasse) de cette pâte par feuille Teflex.

Avec une spatule, coudée de préférence, étendre le mélange en une crêpe d'épaisseur uniforme et d'environ 23 cm (9 po) de diamètre.

Mettre au déshydrateur à 40 °C (105 °F) pendant 8 à 10 heures. Retourner dès que possible.

Les crêpes doivent être sèches au toucher sur toute leur surface, mais rester assez humides pour se rouler sans se briser.

Se conserve 2 semaines au réfrigérateur dans un contenant hermétique, un papier parchemin séparant chaque crêpe.

Crêpes salées

PRÉPARATION 20 MINUTES
DÉSHYDRATATION 8 À 10 HEURES
DONNE 8 CRÊPES
USTENSILES MIXEUR, DÉSHYDRATEUR

175 G (1 1/4 TASSE) DE NOIX DU BRÉSIL

100 ML (7 C. À SOUPE) D'HUILE DE TOURNESOL

375 ML (1 1/2 TASSE) D'EAU

4 C. À CAFÉ (4 C. À THÉ) DE LEVURE ALIMENTAIRE

1 1/2 C. À CAFÉ (1 1/2 C. À THÉ) DE SEL DE MER

80 G (3/4 TASSE) DE GRAINES DE CHIA MOULUES

80 G (3/4 TASSE) DE GRAINES DE LIN MOULUES

Mettre tous les ingrédients au mixeur, sauf les graines de chia et les graines de lin moulues, et broyer jusqu'à l'obtention d'un liquide uniforme.

Vider dans un saladier et incorporer les graines moulues manuellement. Pétrir jusqu'à l'obtention d'une pâte uniforme.

Déposer 125 ml (½ tasse) du mélange sur une feuille Teflex.

Avec une spatule, coudée de préférence, étendre le mélange en une crêpe d'épaisseur uniforme et d'environ 23 cm (9 po) de diamètre. Mouiller la spatule au besoin.

Mettre au déshydrateur à 40 °C (105 °F) pendant 8 à 10 heures. Retourner dès que possible.

Les crêpes doivent être sèches au toucher sur toute leur surface, mais rester assez humides pour se rouler sans se briser.

Se conserve 2 semaines au réfrigérateur dans un contenant hermétique, un papier parchemin séparant les crêpes.

Pain méditerranéen aux amandes

PRÉPARATION 40 MINUTES
DÉSHYDRATATION **8 À 10 HEURES**
DONNE 25 PAINS
USTENSILES ROBOT CULINAIRE, DÉSHYDRATEUR

100 G (1 TASSE) DE TOMATES SÉCHÉES, HACHÉES

250 G (2 1/4 TASSES) DE POMMES, ÉVIDÉES, COUPÉES GROSSIÈREMENT (2 POMMES MOYENNES)

600 G (4 TASSES) DE COURGETTE, ÉPLUCHÉE, PARÉE, COUPÉE GROSSIÈREMENT (3 COURGETTES MOYENNES)

3 C. À SOUPE DE JUS DE CITRON

125 ML (1/2 TASSE) D'HUILE D'OLIVE

1 C. À CAFÉ (1 C. À THÉ) DE SEL DE MER

2 1/2 C. À SOUPE DE BASILIC FRAIS OU SEC

2 C. À SOUPE DE PERSIL FRAIS OU SEC

1 1/2 C. À SOUPE D'ORIGAN FRAIS OU SEC

2 C. À SOUPE DE THYM FRAIS OU SEC

1/8 C. À CAFÉ (1/8 C. À THÉ) DE PIMENT DE CAYENNE MOULU

350 G (3 TASSES) D'AMANDES MOULUES FIN

120 G (1 TASSE) DE GRAINES DE LIN MOULUES

80 G (1/2 TASSE) DE GRAINES DE SÉSAME

Au robot culinaire, réduire les tomates séchées, les pommes, les courgettes, le jus de citron, l'huile d'olive, le sel de mer et les épices en une purée uniforme.

Ajouter la poudre d'amande et mélanger jusqu'à l'obtention d'une pâte uniforme.

Mettre le mélange dans un bol et incorporer à la main les graines de lin moulues et les graines de sésame.

Passer de nouveau le mélange au robot, 500 ml (2 tasses) à la fois.

Répartir le mélange sur la grille du déshydrateur. Utiliser une spatule, coudée de préférence, ou les mains pour égaliser la pâte. Afin de simplifier l'étalage, recouvrir la pâte d'une feuille Teflex (ou de papier parchemin) et presser avec un rouleau à pâtisserie pour répartir sommairement la pâte sur toute la grille. Avec une spatule, décoller la feuille Teflex de la pâte et égaliser l'étalage.

Avec un couteau à beurre ou une spatule, dessiner des séparations sur chaque plaque pour former 9 tranches de pain (3 x 3).

Mettre au déshydrateur à 40 ºC (105 ºF) pendant environ 4 heures. Quand on peut décoller facilement les pains du Teflex, les retourner sur une grille de la façon suivante : sortir le plateau avec la feuille Teflex, poser une grille et un autre plateau par-dessus et retourner le tout.

Déshydrater pendant encore 4 à 5 heures, jusqu'à ce que les pains tiennent parfaitement, sans coller ou se déchirer.

Se conserve 10 jours au réfrigérateur dans un contenant hermétique.

Chapatis

PRÉPARATION 45 MINUTES
DÉSHYDRATATION **ENVIRON 5 HEURES**
DONNE 30 CHAPATIS
USTENSILE DÉSHYDRATEUR

260 G (2 TASSES) DE GRAINES DE TOURNESOL MOULUES

840 G (2 1/2 TASSES) DE SARRASIN GERMÉ DÉSHYDRATÉ MOULU

160 G (1 1/2 TASSE) DE GRAINES DE CHIA MOULUES

120 G (1 TASSE) DE GRAINES DE LIN MOULUES

1 C. À SOUPE DE SEL DE MER

1 C. À CAFÉ (1 C. À THÉ) DE POIVRE NOIR MOULU

1 C. À SOUPE DE CUMIN MOULU

10 G (1/4 TASSE) DE SAUGE MOULUE

160 ML (2/3 TASSE) D'HUILE D'OLIVE

500 ML (2 TASSES) D'EAU

Dans un grand contenant, mélanger tous les ingrédients secs.

Ajouter l'huile et l'eau, puis mélanger à la main jusqu'à l'obtention d'une pâte uniforme.

À l'aide d'une cuillère à glace, faire des boulettes d'environ 50 g.

Les placer sous une feuille Teflex ou une pellicule plastique et les aplatir en galette de 10 cm (4 po) de diamètre avec un rouleau à pâtisserie.

Répartir 9 galettes par grille de déshydrateur. Les déshydrater à 40 °C (105 °F) pendant 5 heures.

Les chapatis sont prêts quand ils sont fermes et tendres.

Se conserve 2 semaines au réfrigérateur dans un contenant hermétique.

Chips de kale

TREMPAGE **4 HEURES**
PRÉPARATION 30 MINUTES
DÉSHYDRATATION **12 HEURES**
DONNE 150 G (8 TASSES) DE CHIPS
USTENSILES MIXEUR, DÉSHYDRATEUR

1 KG (40 FEUILLES) DE CHOU
VERT FRISÉ (KALE)

MARINADE

60 ML (1/4 TASSE) DE SAUCE
TAMARI SANS BLÉ

60 ML (1/4 TASSE) DE JUS DE CITRON

1/2 C. À CAFÉ (1/2 C. À THÉ) DE PURÉE D'AIL
(VOIR P. 25) OU 1/2 GOUSSE D'AIL

2 C. À SOUPE D'HUILE D'OLIVE

1 C. À SOUPE DE NECTAR D'AGAVE

225 G (1 1/2 TASSE) DE NOIX DE CAJOU

60 ML (1/4 TASSE) DE VINAIGRE
DE CIDRE DE POMME

190 ML (3/4 TASSE) D'EAU

40 G (1/4 TASSE) DE LEVURE ALIMENTAIRE

1 C. À CAFÉ (1 C. À THÉ) DE SEL DE MER

1/8 C. À CAFÉ (1/8 C. À THÉ) DE PIMENT DE
CAYENNE MOULU

Marinade

Faire tremper les noix de cajou pendant 4 heures, puis bien rincer.
Jeter l'eau de trempage.

Au mixeur, broyer tous les ingrédients de la marinade jusqu'à
l'obtention d'un mélange uniforme et lisse. Laisser reposer au
réfrigérateur au moins 1 heure, idéalement toute la nuit.

Préparation des chips

Équeuter le chou : en tenant l'extrémité de la tige, tirer fermement
de l'autre main pour en séparer les feuilles. Si certaines feuilles
sont plus grandes que la paume de la main, les couper en deux,
sinon il est important de garder de grandes feuilles, car elles vont
beaucoup rétrécir pendant la déshydratation. Conserver les tiges
pour une recette de jus contenant du chou vert frisé.

Dans un grand contenant, mettre les feuilles de chou, ajouter la
marinade et bien masser pour en imprégner chaque feuille.

Répartir le mélange sur 9 grilles du déshydrateur. Mettre au
déshydrateur à 40 °C (105 °F) pour environ 12 heures.

Les chips sont prêtes quand elles sont complètement sèches
et croquantes.

Craquelins à la betterave

TREMPAGE **8 HEURES**
PRÉPARATION 55 MINUTES
DÉSHYDRATATION **24 HEURES**
DONNE 250 CRAQUELINS
USTENSILES MIXEUR OU ROBOT CULINAIRE, DÉSHYDRATEUR

450 G (3 TASSES) DE GRAINES DE CITROUILLE

720 G (6 TASSES) DE GRAINES DE LIN MOULUES

220 G (3 TASSES) DE GRAINES DE TOURNESOL MOULUES

165 G (1 TASSE) DE GRAINES DE CHIA

1 1/2 C. À SOUPE DE POIVRE NOIR MOULU

1/4 C. À CAFÉ (1/4 C. À THÉ) DE PIMENT DE CAYENNE MOULU

2 C. À SOUPE DE SEL DE MER

375 G DE CAROTTE, RÂPÉE FIN (5 CAROTTES MOYENNES)

375 G DE BETTERAVE, RÂPÉE FIN (2 BETTERAVES MOYENNES)

375 G D'OIGNON, RÉDUIT EN PURÉE (AU ROBOT OU AU MIXEUR) (2 OIGNONS MOYENS)

25 G (1/2 TASSE) DE PERSIL FRAIS, HACHÉ (FEUILLES ET TIGES), BIEN TASSÉ

3 GOUSSES D'AIL OU 1 1/2 C. À SOUPE DE PURÉE D'AIL (VOIR P. 25)

1 LITRE (4 TASSES) D'EAU

6 C. À SOUPE DE PSYLLIUM

Faire tremper les graines de citrouille pendant 8 heures, puis bien rincer. Jeter l'eau de trempage.

Dans un grand contenant, mélanger tous les ingrédients secs (graines de lin moulues, graines de tournesol moulues, graines de chia et épices).

Incorporer les ingrédients humides, puis ajouter l'eau et malaxer jusqu'à l'obtention d'une pâte violette uniforme. Laisser reposer 15 minutes avant de commencer l'étalement afin que se crée le mucilage. Si la pâte est trop humide lors de l'étalement, ajouter jusqu'à 30 g (¼ tasse) de graines de lin moulues.

Répartir 500 à 625 ml (2 à 2 ½ tasses) de mélange sur une grille du déshydrateur. Utiliser une spatule, coudée de préférence, ou les mains pour égaliser la pâte. Afin de simplifier l'étalage, recouvrir la pâte d'une feuille Teflex (ou de papier parchemin) et presser avec un rouleau à pâtisserie pour répartir sommairement la pâte sur toute la grille. Avec une spatule, décoller la feuille Teflex de la pâte et égaliser l'étalage.

Avec un couteau à beurre ou une spatule, dessiner des séparations sur chaque plaque pour former 36 carrés (6 x 6).

Répéter l'opération pour tout le mélange restant. Si l'on met la pâte au réfrigérateur pour un étalement futur, il est important de la sortir au moins 30 minutes avant d'étaler afin de la laisser ramollir.

Mettre au déshydrateur à 40 °C (105 °F) pendant une nuit.

Retourner et déposer sur une autre grille avant de replacer au déshydrateur jusqu'à ce que les craquelins soient croquants et complètement secs (environ 1 journée).

Se conserve 4 mois à la température de la pièce dans un contenant hermétique.

Craquelins aux tomates séchées

PRÉPARATION 1 HEURE
DÉSHYDRATATION **ENVIRON 24 HEURES**
DONNE 300 CRAQUELINS
USTENSILES MIXEUR, DÉSHYDRATEUR

260 G (2 TASSES) DE POIVRON VERT, COUPÉ EN GROS MORCEAUX

100 G (2 TASSES) DE CORIANDRE FRAÎCHE, HACHÉE GROSSIÈREMENT (FEUILLES ET TIGES), BIEN TASSÉE

900 G DE TOMATES, COUPÉES EN GROS MORCEAUX (5 ½ TOMATES MOYENNES)

400 G (4 TASSES) DE TOMATES SÉCHÉES

3 GOUSSES D'AIL OU 1 C. À SOUPE DE PURÉE D'AIL (VOIR P. 25)

60 ML (¼ TASSE) D'HUILE D'OLIVE

4 C. À CAFÉ (4 C. À THÉ) DE SEL DE MER

425 G (4 TASSES) DE GRAINES DE LIN BRUN MOULUES

365 G (2 TASSES) DE GRAINES DE LIN BRUN

500 G (3 TASSES) DE GRAINES DE LIN JAUNE

Au mixeur, broyer les poivrons, la coriandre, les tomates, les tomates séchées, l'ail, l'huile et le sel en une purée uniforme.

Verser la pâte obtenue dans un grand contenant et incorporer à la main les graines et la poudre de lin. Laisser reposer 15 minutes avant de commencer l'étalement afin que se crée le mucilage.

Répartir 375 ml (1 ½ tasse) de ce mélange sur une feuille Teflex en laissant une bordure. Égaliser l'étalage avec une spatule, coudée de préférence.

Avec un couteau à beurre ou une spatule, dessiner des séparations sur chaque plaque pour former 36 carrés (6 x 6).

Répéter l'opération pour le mélange restant.

Mettre au déshydrateur à 40 °C (105 °F) pour environ 12 heures.

Retourner et remettre sur une grille avant de replacer au déshydrateur jusqu'à ce que les craquelins soient croquants et complètement secs (environ 1 journée).

Se conserve 4 mois à la température de la pièce dans un contenant hermétique.

Granola canneberge et gingembre

TREMPAGE **8 HEURES**
PRÉPARATION **30 MINUTES**
DÉSHYDRATATION **ENVIRON 24 HEURES**
DONNE 1,2 KG DE GRANOLA
USTENSILES ROBOT CULINAIRE, DÉSHYDRATEUR

70 G (½ TASSE) DE GRAINES DE TOURNESOL

75 G (½ TASSE) DE GRAINES DE CITROUILLE

80 G (½ TASSE) DE GRAINES DE SÉSAME

200 G (1 ½ TASSE) DE CANNEBERGES SÉCHÉES

125 ML (½ TASSE) D'EAU TIÈDE

270 G (2 TASSES) DE SARRASIN GERMÉ
(DÉSHYDRATÉ OU ENCORE HUMIDE) (VOIR P. 25)

70 G (½ TASSE) DE SARRASIN GERMÉ DÉSHYDRATÉ MOULU

160 G (2 TASSES) DE NOIX DE COCO RÂPÉE

⅛ C. À CAFÉ (⅛ C. À THÉ) DE SEL DE MER

435 G (1 ½ TASSE) DE PÂTE DE DATTES (VOIR P. 25)

1 ½ C. À SOUPE DE GINGEMBRE FRAIS, HACHÉ FIN

Faire tremper les graines de tournesol, de citrouille et de sésame pendant 8 heures, puis bien rincer. Jeter l'eau de trempage.

Faire tremper les canneberges dans 125 ml (½ tasse) d'eau tiède pendant 15 minutes. Au robot culinaire, broyer les canneberges avec leur eau de trempage, pour les réduire en morceaux.

Dans un grand contenant, mélanger tous les ingrédients secs (sarrasin et sarrasin moulu, noix de coco et sel) avec les mains.

Incorporer le reste des ingrédients pour former un mélange collant.

Mettre environ 700 g (3 ½ tasses) de granola par grille de déshydrateur.

Mettre au déshydrateur à 40 °C (105 °F) pendant 16 à 24 heures. Le granola est prêt quand tous les ingrédients sont complètement secs.

Se conserve 6 mois à la température de la pièce dans un contenant hermétique.

Granola pomme et cannelle

TREMPAGE **8 HEURES**
PRÉPARATION **30 MINUTES**
DÉSHYDRATATION **ENVIRON 24 HEURES**
DONNE 1 KG DE GRANOLA
USTENSILE DÉSHYDRATEUR

70 G (½ TASSE) DE GRAINES DE TOURNESOL

160 G (1 TASSE) DE GRAINES DE SÉSAME

50 G (⅓ TASSE) DE SARRASIN GERMÉ DÉSHYDRATÉ
MOULU (VOIR P. 25)

160 G (2 TASSES) DE NOIX DE COCO RÂPÉE

55 G (1 TASSE) DE POMMES SÉCHÉES,
COUPÉES EN MORCEAUX

4 C. À CAFÉ (4 C. À THÉ) DE CANNELLE MOULUE

155 G (1 TASSE) DE RAISINS SULTANA SECS

200 G (1 ½ TASSE) DE SARRASIN GERMÉ DÉSHYDRATÉ
OU HUMIDE (VOIR P. 25)

¼ C. À CAFÉ (¼ C. À THÉ) DE SEL DE MER

410 G (1 ½ TASSE) DE PÂTE DE DATTES (VOIR P. 25)

Faire tremper les graines de tournesol et de sésame pendant 8 heures, puis bien rincer. Jeter l'eau de trempage. Réserver.

Dans un grand contenant, mélanger tous les ingrédients, sauf la pâte de dattes.

Incorporer les graines trempées et la pâte de dattes en mélangeant à la main.

Mettre environ 700 g (3 ½ tasses) de granola par grille de déshydrateur.

Mettre au déshydrateur à 40 °C (105 °F) pendant 16 à 24 heures. Le granola est prêt quand tous les ingrédients sont complètement secs.

Se conserve 6 mois à la température de la pièce dans un contenant hermétique.

Sufi nuts

TREMPAGE **8 HEURES**
PRÉPARATION **30 MINUTES**
DÉSHYDRATATION **ENVIRON 36 HEURES**
DONNE **1,5 KG (14 TASSES)**
USTENSILES **MIXEUR, DÉSHYDRATEUR**

300 G (2 TASSES) DE PISTACHES

500 G (3 TASSES) D'AMANDES NON PELÉES

240 G (1 ½ TASSE) DE GRAINES DE SÉSAME

50 G (½ TASSE) DE GINGEMBRE FRAIS,
HACHÉ LE PLUS FIN POSSIBLE

130 G (½ TASSE) DE PÂTE DE DATTES
(VOIR P. 25)

250 ML (1 TASSE) DE NECTAR D'AGAVE

⅛ C. À CAFÉ (⅛ C. À THÉ) DE SEL DE MER

1 ½ C. À SOUPE DE CARDAMOME

250 G (2 ½ TASSES) DE CANNEBERGES
SÉCHÉES

Faire tremper les pistaches, les amandes et les graines de sésame pendant 8 heures, puis bien rincer. Jeter l'eau de trempage.

Mettre la pâte de dattes, le nectar d'agave, le sel et la cardamome au mixeur. Broyer jusqu'à l'obtention d'une pâte uniforme.

Verser dans un grand bol et incorporer les autres ingrédients à cette pâte.

Étaler environ 750 ml (3 tasses) de ce mélange par grille de déshydrateur.

Déshydrater à 40 °C (105 °F) pendant environ 36 heures. Les sufi nuts sont prêtes quand elles forment des agglomérats solides et que le cœur des amandes est complètement sec.

Se conserve 6 mois à la température de la pièce dans un contenant hermétique.

Buddha nuts

TREMPAGE **8 HEURES**
PRÉPARATION **30 MINUTES**
MARINADE **6 À 12 HEURES**
DÉSHYDRATATION **ENVIRON 36 HEURES**
DONNE 2 KG (18 TASSES)
USTENSILE DÉSHYDRATEUR

400 G (3 TASSES) DE GRAINES DE TOURNESOL

420 G (3 TASSES) DE GRAINES DE CITROUILLE

220 G (1 ½ TASSE) DE NOISETTES

250 G (1 ½ TASSE) D'AMANDES

125 ML (½ TASSE) DE NAMA SHOYU
(OU DE TAMARI SANS BLÉ)

60 G (¼ TASSE) DE PÂTE DE DATTES
(VOIR P. 25)

2 C. À SOUPE DE JUS DE CITRON

1 GOUSSE D'AIL OU 1 C. À CAFÉ (1 C. À THÉ) DE
PURÉE D'AIL (VOIR P. 25)

3 C. À SOUPE DE PAPRIKA

1 C. À CAFÉ (1 C. À THÉ) DE POIVRE NOIR
MOULU

3 C. À SOUPE DE LEVURE ALIMENTAIRE

½ C. À CAFÉ (½ C. À THÉ) DE PIMENT DE
CAYENNE, MOULU

2 C. À SOUPE D'ORIGAN

Faire tremper pendant 8 heures les graines de tournesol et de citrouille, les noisettes et les amandes non pelées, puis bien rincer. Jeter l'eau de trempage.

Dans un grand contenant, bien mélanger tous les ingrédients. Laisser mariner au moins 6 heures, idéalement 12 heures au réfrigérateur.

Étaler environ 750 ml (3 tasses) de ce mélange par grille de déshydrateur. Étaler serré pour que des morceaux se forment, mais ne pas écraser.

Mettre au déshydrateur à 40 °C (105 °F) pour environ 36 heures.

Les buddha nuts sont prêtes quand elles forment des agglomérats solides et que le cœur des amandes et des noisettes est complètement sec.

Se conserve 6 mois à la température de la pièce dans un contenant hermétique.

LE CADEAU DES ABEILLES

Les seuls produits non végétaliens figurant au menu de nos restaurants sont ceux de l'abeille: miel, pollen et propolis.

La richesse du pollen en acides aminés essentiels, en oligo-éléments et en hydrates de carbone en fait un superaliment exceptionnel. Dénommé l'aliment le plus complet de la nature, le pollen constitue en effet une protéine végétale complète, source de 22 différents minéraux et de plus d'une centaine de variétés d'enzymes. Une cuillère à soupe par jour suffit pour en obtenir les bénéfices.

Le miel, quant à lui, n'est pas utilisé dans nos cuisines comme édulcorant, mais figure plutôt dans la pharmacie comme cicatrisant, antibactérien et antigrippe! Nous vous recommandons de le consommer à jeun pour en tirer le maximum de bienfaits.

Un autre produit de l'abeille qui gagne à être connu est la propolis. Cette sève d'arbre, récoltée par les abeilles, est ensuite enduite sur les parois de la ruche afin de la protéger contre les bactéries. Elle peut être récoltée et conservée dans l'alcool comme tonique du système immunitaire ainsi que pour clarifier la voix. D'ailleurs, les chanteurs d'opéra ne font pas une prestation sans leur fiole de propolis en poche.

Mais attention! La situation actuelle de ces ouvrières de la nature est devenue précaire. Une grande partie de la population mondiale des abeilles a déjà été décimée à cause de l'utilisation des produits chimiques dans l'agriculture et du fait que certains agriculteurs remplacent la récolte de miel par du sucre blanc. Sans abeilles, plus de pollinisation et donc plus de fleurs, de fruits et de légumes! Le choix quant aux producteurs des produits de l'abeille est donc d'une importance capitale. C'est pourquoi nous recommandons d'utiliser du miel non pasteurisé de récoltes biologiques de votre région.

Entrées

Raviolis de betterave

PRÉPARATION 30 MINUTES
MARINADE **4 HEURES**
DONNE 10 RAVIOLIS, 4 ENTRÉES OU 2 PLATS PRINCIPAUX
USTENSILES ROBOT CULINAIRE, MANDOLINE

1 GROSSE BETTERAVE ROUGE

MARINADE

1 C. À SOUPE D'HUILE DE TOURNESOL

1 C. À SOUPE DE JUS DE CITRON

1/4 C. À CAFÉ (1/4 C. À THÉ) DE SEL DE MER

FARCE DE MANGUE ET DE PATATE DOUCE

60 G (1/3 TASSE) DE CHAIR DE MANGUE

100 G DE PATATE DOUCE, ÉPLUCHÉE (1/3 DE PATATE DOUCE MOYENNE)

1/8 C. À CAFÉ (1/8 C. À THÉ) DE LEVURE ALIMENTAIRE

1/8 C. À CAFÉ (1/8 C. À THÉ) DE POUDRE D'OIGNON

1/8 C. À CAFÉ (1/8 C. À THÉ) DE SEL DE MER

1/8 C. À CAFÉ (1/8 C. À THÉ) DE NOIX DE MUSCADE MOULUE

3/4 C. À CAFÉ (3/4 C. À THÉ) DE PSYLLIUM

Avec la mandoline, faire 20 rondelles de betterave, les plus fines possible. Les rondelles doivent être bien rondes et larges. Mettre les rondelles de betterave dans un contenant rempli d'eau et laisser tremper 2 heures.

Mélanger les ingrédients de la marinade au fouet. Y déposer les betteraves et laisser mariner 2 heures.

Mettre tous les ingrédients de la farce au robot culinaire et réduire en une purée uniforme.

Une fois les betteraves marinées, monter les raviolis comme suit : sur une rondelle de betterave, déposer 1 c. à soupe de farce, puis couvrir d'une autre rondelle de betterave et pincer les contours.

Il est également possible de farcir les betteraves de ricotta de macadamia (voir p. 89).

Napper de vinaigrette balsamique et à la framboise (voir ci-dessous) avant de servir.

Manger frais.

---

120 G (1 TASSE) DE FRAMBOISES, BIEN TASSÉES

250 ML (1 TASSE) D'HUILE D'OLIVE

125 ML (1/2 TASSE) DE VINAIGRE BALSAMIQUE

60 ML (1/4 TASSE) D'EAU

1/2 C. À CAFÉ (1/2 C. À THÉ) DE POIVRE NOIR MOULU

3/4 C. À CAFÉ (3/4 C. À THÉ) DE SEL DE MER

1/2 GOUSSE D'AIL OU 1/2 C. À CAFÉ (1/2 C. À THÉ) DE PURÉE D'AIL (VOIR P. 25)

Vinaigrette balsamique à la framboise

PRÉPARATION 10 MINUTES
DONNE ENVIRON **500 ML (2 TASSES)**
USTENSILE MIXEUR

Au mixeur, réduire tous les ingrédients en une sauce uniforme.

Se conserve 1 semaine au réfrigérateur dans un contenant hermétique.

Sushis au cari

PRÉPARATION 15 MINUTES
DONNE 2 SUSHIS OU 16 BOUCHÉES, 4 ENTRÉES OU 2 PLATS PRINCIPAUX
USTENSILE MANDOLINE

2 FEUILLES DE NORI

1/2 RECETTE DE PÂTÉ AU CARI (VOIR CI-DESSOUS)

2 BELLES FEUILLES DE LAITUE

80 G DE CAROTTE, RÂPÉE (1 CAROTTE MOYENNE)

20 G (1/4 TASSE) DE COURGETTE, COUPÉE EN JULIENNE

3 G (1 C. À SOUPE) D'OIGNON, COUPÉ EN LAMELLES EXTRÊMEMENT FINES, PRESQUE TRANSPARENTES

20 G DE POMME (1/4 DE POMME), COUPÉE EN JULIENNES, ARROSÉE DE JUS DE CITRON POUR ÉVITER QU'ELLE NE NOIRCISSE

1/2 AVOCAT, COUPÉ EN TRANCHES

30 G (1/2 TASSE) DE GERMINATIONS DE LUZERNE OU DE TRÈFLE, BIEN TASSÉES

Étendre une feuille de nori sur le plan de travail, côté nervuré sur le dessus et brillant vers le bas. Y déposer 60 ml (¼ tasse) de pâté au cari. Avec une spatule, l'étaler sur toute la largeur et aux deux tiers de la hauteur.

Prendre une belle feuille de laitue et écraser ses nervures à la main (pour éviter qu'elles ne brisent la feuille au roulage), puis en recouvrir le pâté. Faire dépasser légèrement sur les côtés.

Sur la largeur de la laitue, répartir en alternance une rangée de carottes râpées, une rangée de courgettes, une rangée d'oignons, une rangée de pommes et 3 tranches d'avocat. Recouvrir d'une belle poignée de germinations de luzerne. Faire dépasser le tout sur les côtés pour que les sushis aient de beaux bouts.

Tremper le bout des doigts dans un contenant d'eau afin de mouiller la partie supérieure de la feuille de nori. Rouler en serrant le rouleau au maximum et fermer avec la partie supérieure, préalablement humidifiée.

Laisser la jonction face vers la table, le temps qu'elle sèche (1 à 2 minutes).

Couper les sushis en deux, pour faire des «sandwichs» ou en 8 bouchées égales.

Astuce : les sushis destinés à être coupés en bouchées doivent être plus serrés et plus petits. On mettra donc un peu moins de carotte et de garniture.

Manger frais.

---

90 G (2/3 TASSE) DE GRAINES DE TOURNESOL

1 C. À SOUPE DE PÂTE DE DATTES (VOIR P. 25) OU 1 1/2 DATTE DÉNOYAUTÉE

2 C. À CAFÉ (2 C. À THÉ) DE VINAIGRE DE CIDRE DE POMME

1/2 C. À CAFÉ (1/2 C. À THÉ) D'HUILE DE TOURNESOL

1 C. À SOUPE D'EAU

1 C. À CAFÉ (1 C. À THÉ) DE PURÉE D'AIL (VOIR P. 25) OU 1 GOUSSE D'AIL

1/2 C. À CAFÉ (1/2 C. À THÉ) DE SEL DE MER

2 C. À CAFÉ (2 C. À THÉ) DE POUDRE DE CARI

1 C. À CAFÉ (1 C. À THÉ) DE CURCUMA MOULU

1/8 C. À CAFÉ (1/8 C. À THÉ) DE PIMENT DE CAYENNE MOULU

1 C. À CAFÉ (1 C. À THÉ) DE CUMIN MOULU

2 C. À SOUPE DE GRAINES DE TOURNESOL MOULUES

Pâté au cari

TREMPAGE 8 HEURES
PRÉPARATION 20 MINUTES
DONNE ENVIRON 250 ML (1 TASSE)
USTENSILE ROBOT CULINAIRE

Faire tremper les graines de tournesol pendant 8 heures, puis bien rincer. Jeter l'eau de trempage.

Mettre tous les ingrédients, sauf les graines de tournesol moulues, au robot culinaire. Broyer jusqu'à l'obtention d'un mélange crémeux et lisse.

Ajouter les graines de tournesol moulues et mélanger encore 1 minute.

Se conserve 7 jours au réfrigérateur dans un contenant hermétique.

Rouleaux printaniers au végépâté

PRÉPARATION 15 MINUTES
DONNE 2 ROULEAUX OU 16 BOUCHÉES, 4 ENTRÉES OU 2 PLATS PRINCIPAUX
USTENSILE MANDOLINE

2 FEUILLES DE RIZ

5 BELLES FEUILLES DE LAITUE

80 G DE CAROTTE, RÂPÉE (1 CAROTTE MOYENNE)

20 G (¼ TASSE) DE COURGETTE, COUPÉE EN JULIENNE

3 G (1 C. À SOUPE) D'OIGNON, COUPÉ EN LAMELLES EXTRÊMEMENT FINES, PRESQUE TRANSPARENTES

20 G (¼ TASSE) DE CHOU ROUGE, COUPÉ EN LAMELLES FINES

¼ DE RECETTE DE VÉGÉPÂTÉ (VOIR CI-CONTRE)

30 G (½ TASSE) DE GERMINATIONS DE TRÈFLE, BIEN TASSÉES

GRAINES DE PAVOT OU DE SÉSAME NOIR (FACULTATIF)

Tremper une feuille de riz dans un bol d'eau tiède et la déposer à la base de la table, en laissant dépasser une extrémité dans le vide ; elle sera plus facile à prendre au moment de rouler.

Prendre une ou deux belles feuilles de laitue et en écraser les nervures à la main (pour éviter qu'elles ne brisent la feuille au roulage), puis en recouvrir la moitié de la longueur et les trois quarts de la largeur de la feuille de riz. Elles ne doivent pas se superposer, mais remplir toute la surface.

Sur la largeur de la laitue, répartir, en alternance, une rangée de carotte râpée, une rangée de courgette, une rangée d'oignon et une rangée de chou rouge. Déposer et répartir sur la largeur 60 ml (¼ tasse) de végépâté. Enfin, recouvrir d'une poignée de germinations et couvrir le tout d'une belle feuille de laitue dont les nervures ont été écrasées. Il est important que la feuille de riz soit séparée de son contenu par une couche de laitue, sinon elle risque de se briser.

Parsemer la partie supérieure de la feuille de riz de graines de pavot ou de sésame noir.

Rouler : ramener d'abord le bout qui dépasse de la table au-dessus de la préparation et tasser avec la main pour éliminer le vide. Rabattre les côtés, puis rouler le tout en exerçant une légère pression vers le haut pour bien serrer le rouleau.

Les rouleaux destinés à être coupés en bouchées doivent être plus serrés et plus petits. On mettra donc un peu moins de garniture.

Manger frais.

Couper les rouleaux pour en faire des « sandwichs » ou en 8 bouchées égales.

Servir avec la vinaigrette fat free Tibet (voir ci-dessous).

---

3 C. À SOUPE DE GINGEMBRE HACHÉ OU 1 C. À SOUPE DE JUS DE GINGEMBRE (VOIR P. 25)

125 ML (½ TASSE) DE JUS DE CITRON

60 ML (¼ TASSE) DE NAMA SHOYU (OU SAUCE TAMARI SANS BLÉ)

1 ½ GOUSSE D'AIL OU ½ C. À SOUPE DE PURÉE D'AIL (VOIR VOIR P. 25)

60 ML (¼ TASSE) DE NECTAR D'AGAVE

1 ½ C. À CAFÉ (1 ½ C. À THÉ) DE SEL DE MER

1 ½ C. À CAFÉ (1 ½ C. À THÉ) DE POUDRE DE CARI

⅛ C. À CAFÉ (⅛ C. À THÉ) DE PIMENT DE CAYENNE MOULU

310 ML (1 ¼ TASSE) D'EAU

Vinaigrette fat free Tibet

PRÉPARATION 10 MINUTES
DONNE ENVIRON 500 ML (2 TASSES)
USTENSILE MIXEUR

Au mixeur, réduire tous les ingrédients en une sauce liquide et homogène.

Cette sauce se conserve plusieurs mois, si on la prépare sans l'eau et qu'on ajoute celle-ci au moment de servir. Toujours bien mélanger avant l'utilisation.

Se conserve 2 semaines au réfrigérateur dans un contenant hermétique.

100 G (3/4 TASSE) DE GRAINES DE TOURNESOL

75 G (1/2 TASSE) DE CAROTTE,
COUPÉE GROSSIÈREMENT

15 G (1 1/2 C. À SOUPE) D'OIGNON ROUGE, COUPÉ
GROSSIÈREMENT

8 G (2 C. À SOUPE) DE PERSIL FRAIS,
HACHÉ GROSSIÈREMENT, (FEUILLES ET TIGES),
BIEN TASSÉ

2 C. À SOUPE D'HUILE DE TOURNESOL

1 1/2 C. À SOUPE DE VINAIGRE
DE CIDRE DE POMME

1 C. À SOUPE DE JUS DE CITRON

1 C. À SOUPE DE JUS DE GINGEMBRE (VOIR P. 25)
OU 1 C. À SOUPE DE GINGEMBRE HACHÉ

1 C. À CAFÉ (1 C. À THÉ) DE GRAINES
DE CORIANDRE, MOULUES

1 C. À CAFÉ (1 C. À THÉ) DE PURÉE D'AIL
(VOIR P. 25) OU 1 PETITE GOUSSE D'AIL

1/2 C. À CAFÉ (1/2 C. À THÉ) DE SEL DE MER

1 C. À SOUPE DE LEVURE ALIMENTAIRE

40 G (1/4 TASSE) DE GRAINES
DE SÉSAME MOULUES

Végépâté

TREMPAGE 8 HEURES
PRÉPARATION 20 MINUTES
DONNE ENVIRON 375 ML (1 1/2 TASSE)
USTENSILE ROBOT CULINAIRE

Faire tremper les graines de tournesol pendant 8 heures, puis bien rincer. Jeter l'eau de trempage.

Mettre tous les ingrédients, sauf la levure alimentaire et les graines de sésame moulues, au robot culinaire. Broyer jusqu'à l'obtention d'un mélange crémeux et lisse.

Ajouter la levure alimentaire et les graines de sésame moulues. Mélanger encore 1 minute pour incorporer.

Se conserve 5 jours au réfrigérateur dans un contenant hermétique.

Capuchons de champignons

PRÉPARATION 15 MINUTES
MARINADE **30 MINUTES**
DÉSHYDRATATION **1 HEURE**
DONNE 30 CHAMPIGNONS : 6 ENTRÉES OU 3 PLATS PRINCIPAUX
USTENSILE DÉSHYDRATEUR

30 CHAMPIGNONS BLANCS
D'ENVIRON 2,5 CM (1 PO) DE DIAMÈTRE

½ RECETTE DE PÂTÉ FORESTIER
(VOIR P. 92)

2 C. À SOUPE DE GRAINES
DE CHANVRE ÉCALÉES

3 C. À SOUPE DE PERSIL,
HACHÉ FIN

5 C. À SOUPE DE CRÈME FRAÎCHE
(FACULTATIF)

Équeuter les champignons et mettre les chapeaux dans la marinade (voir ci-dessous) pendant 30 minutes. Avec les queues, préparer la recette de pâté forestier.

À l'aide d'un cornet à pâtisserie (ou à défaut une cuillère), farcir les capuchons marinés d'une belle boule de pâté (1 ½ c. à soupe).

Mettre au déshydrateur à 40 °C (105 °F) pendant environ 1 heure. Il faut que le pâté durcisse légèrement à l'extérieur, mais que les champignons restent juteux.

Avant de servir, décorer de ½ c. à café (½ c. à thé) de crème fraîche et parsemer de graines de chanvre écalées et de persil haché.

Pour varier les plaisirs, faites la même recette avec 4 beaux champignons portobellos !

Se conserve 4 jours au réfrigérateur dans un contenant hermétique.

---

125 ML (½ TASSE) DE SAUCE TAMARI SANS BLÉ

1 ½ GOUSSE D'AIL HACHÉE OU ½ C. À SOUPE
DE PURÉE D'AIL (VOIR P. 25)

250 ML (1 TASSE) D'EAU

½ C. À SOUPE DE THYM

½ C. À CAFÉ (½ C. À THÉ) DE POIVRE NOIR
MOULU

Marinade pour champignons

DONNE 2 TASSES

Mélanger tous les ingrédients de la marinade à l'aide d'un fouet.

Cette marinade peut être réutilisée pour d'autres champignons ou d'autres légumes.

Se conserve 1 mois au réfrigérateur dans un contenant hermétique.

Bruschetta Olivetta

PRÉPARATION 5 MINUTES
DONNE 20 BRUSCHETTAS : 4 ENTRÉES OU 2 PLATS PRINCIPAUX

1/3 DE RECETTE DE TAPENADE AUX OLIVES KALAMATA (VOIR P. 88)

20 PAINS À L'OIGNON (VOIR P. 114)

3 C. À SOUPE DE FROMAGE DE NOIX DE CAJOU (VOIR P. 97)

MACÉDOINE (VOIR CI-DESSOUS)

Tartiner chaque pain à l'oignon de 1 à 2 c. à café (1 à 2 c. à thé) de tapenade.

À l'aide d'un cornet à pâtisserie ou d'une bouteille de ketchup, surmonter chaque bruschetta de 1 c. à café (1 c. à thé) de fromage de noix de cajou.

Garnir de macédoine.

1 C. À SOUPE D'OIGNON ÉMINCÉ

1/2 POIVRON ROUGE OU JAUNE, COUPÉ EN TRÈS PETITS CUBES

1/4 DE TOMATE, COUPÉE EN PETITS CUBES

1/8 C. À CAFÉ (1/8 C. À THÉ) DE SEL DE MER

1/8 C. À CAFÉ (1/8 C. À THÉ) DE POIVRE NOIR MOULU

1/8 C. À CAFÉ (1/8 C. À THÉ) DE SAUGE SÈCHE OU FRAÎCHE

1/4 C. À CAFÉ (1/4 C. À THÉ) DE THYM SEC OU FRAIS

Macédoine

Dans un saladier, mélanger tous les ingrédients.

Laisser reposer de 15 à 30 minutes. Jeter l'eau qui se forme au fond du bol avant de servir.

Manger frais.

Roulade de ricotta

PRÉPARATION 10 MINUTES
DONNE 25 ROULADES : 6 ENTRÉES OU 3 PLATS PRINCIPAUX
USTENSILE MANDOLINE

180 G (3/4 DE TASSE) DE FROMAGE RICOTTA DE MACADAMIA (VOIR P. 89)

250 G DE COURGETTE (1 GROSSE COURGETTE)

1/4 DE POIVRON ROUGE, COUPÉ EN 25 BÂTONNETS TRÈS FINS

60 G (1 TASSE) DE GERMINATIONS DE TRÈFLE OU DE LUZERNE

Avec la mandoline, couper la courgette en 25 tranches très fines sur toute la longueur.

Répartir les tranches sur le plan de travail. Déposer ½ c. à soupe de fromage ricotta de macadamia à la base de chacune d'elles. Placer 1 bâtonnet de poivron sur la ricotta en le laissant légèrement dépasser de la tranche. Déposer une pincée de germinations sur le dessus.

Enrouler chaque tranche en débutant par la base (côté fourré). Planter un cure-dent dans le rouleau, au besoin.

Disposer en bouquets sur un plateau.

Manger frais.

Rouleau au fromage

PRÉPARATION 5 MINUTES
DONNE 8 ROULEAUX : 4 ENTRÉES OU 2 PLATS PRINCIPAUX

8 TRANCHES DE FROMAGE
(VOIR CI-DESSOUS)

250 G (1 TASSE) DE PÂTÉ FORESTIER
(VOIR P. 92)

30 G (1/2 TASSE) DE GERMINATIONS DE
TOURNESOL, BIEN TASSÉES

LÉGUMES (PEUVENT ÊTRE REMPLACÉS PAR
TOUT AUTRE LÉGUMES AU CHOIX)

50 G DE CAROTTE, COUPÉE EN JULIENNE
(1/2 CAROTTE MOYENNE)

40 G DE COURGETTE, COUPÉE EN JULIENNE
(1/5 DE COURGETTE MOYENNE)

40 G (1/2 TASSE) DE CHOU ROUGE, ÉMINCÉ

Répartir les 8 tranches de fromage sur le plan de travail.

Avec une spatule, étaler 2 c. à soupe de pâté forestier sur toute la largeur et aux deux tiers de la hauteur de chaque tranche.

Tapisser de germinations de tournesol sur la largeur. Y déposer une ligne de carotte, une ligne de courgette, puis une ligne de chou rouge.

Rouler et fermer les rouleaux. Piquer de cure-dents si nécessaire.

Manger frais.

150 G (1 TASSE) DE NOIX DE CAJOU

120 G (1 TASSE) DE POIVRON ROUGE,
COUPÉ GROSSIÈREMENT

1/4 DE COURGE MUSQUÉE MOYENNE
(BUTTERNUT), COUPÉE EN DÉS

2 C. À CAFÉ (2 C. À THÉ) DE JALAPEÑO,
HACHÉ FIN

2 C. À SOUPE DE JUS DE CITRON

4 C. À CAFÉ (4 C. À THÉ) DE SAUCE
TAMARI SANS BLÉ

2 C. À CAFÉ (2 C. À THÉ) DE PURÉE D'AIL
(VOIR P. 25) OU 2 GOUSSES D'AIL, HACHÉES

4 C. À CAFÉ (4 C. À THÉ) D'HUILE D'OLIVE

2 C. À SOUPE DE LEVURE ALIMENTAIRE

6 C. À SOUPE D'EAU

2 C. À SOUPE DE SEL DE MER

2 C. À CAFÉ (2 C. À THÉ) DE PSYLLIUM

Fromage en tranches

TREMPAGE 4 HEURES
PRÉPARATION 20 MINUTES
DÉSHYDRATATION ENVIRON 10 HEURES
DONNE 18 TRANCHES
USTENSILE MIXEUR

Faire tremper les noix de cajou pendant 4 heures, puis bien rincer. Jeter l'eau de trempage.

Mettre au mixeur tous les ingrédients, sauf le psyllium, et broyer jusqu'à l'obtention d'une pâte uniforme.

Ajouter le psyllium et broyer encore quelques instants pour bien l'incorporer.

Verser dans un bol et laisser reposer 10 minutes avant d'étaler, le temps que le psyllium crée son mucilage.

Répartir 500 ml (2 tasses) de mélange sur une feuille Teflex en laissant une bordure. Égaliser avec une spatule, coudée de préférence.

Avec un couteau à beurre ou une spatule, dessiner des séparations sur chaque plaque pour former 9 carrés (3 x 3).

Répéter l'opération avec le mélange restant.

Mettre au déshydrateur à 40 °C (105 °F) pour 10 heures. Les tranches de fromage sont prêtes quand on peut les séparer sans les briser et qu'elles ne sont plus collantes au toucher.

Se conserve 2 semaines au réfrigérateur dans un contenant hermétique.

Tagliatelles au pesto

PRÉPARATION 10 MINUTES
DONNE 4 ENTRÉES OU 2 PLATS PRINCIPAUX
USTENSILE MANDOLINE OU ÉCONOME

400 G DE COURGETTE
(2 MOYENNES), PARÉE

60 ML (¼ TASSE) DE PESTO DE PISTACHES
AU BASILIC (VOIR P. 93) OU, POUR UNE
RECETTE PLUS LÉGÈRE, 20 FEUILLES
MOYENNES DE BASILIC FRAIS, ÉMINCÉ

½ C. À CAFÉ (½ C. À THÉ) DE SEL DE MER

½ C. À CAFÉ (½ C. À THÉ) DE PURÉE D'AIL
(VOIR P. 25) OU ½ GOUSSE D'AIL HACHÉE

1 C. À SOUPE D'HUILE D'OLIVE

6 OLIVES KALAMATA,
DÉNOYAUTÉES, HACHÉES

2 C. À SOUPE DE PIGNONS DE PIN

À l'aide d'une mandoline ou d'un économe, faire des languettes longues et fines de courgettes. Couper ces languettes en longue julienne : les tagliatelles.

Dans un saladier, mélanger les tagliatelles de courgettes au pesto, au sel, à l'ail et à l'huile d'olive.

Répartir dans les assiettes de service et garnir d'olives hachées et des pignons de pin.

Manger frais.

LES BONS ET LES MAUVAIS GRAS

Nous divisons la grande famille des gras en 3 catégories : les acides gras saturés, mono-insaturés et polyinsaturés.

Tout gras est formé de chaînes d'atomes de carbone de longueurs différentes, entourées d'atomes d'hydrogène. Plus le gras contient d'atomes d'hydrogène, plus il est saturé.

Toute huile, ou gras naturel, contient les 3 catégories de saturation à des degrés divers. Par exemple, l'huile d'olive, que l'on dit mono-insaturée, contient une prédominance de chaînes mono-insaturées, mais également des gras saturés et polyinsaturés. Il est essentiel de consommer les 3 familles de gras, car chacune tient un rôle différent dans l'organisme.

Plus la chaîne est courte, moins le corps nécessite d'énergie pour la digérer. Par contre, plus le niveau de saturation est faible, comme dans le cas des huiles de chanvre ou de lin, plus les acides gras sont susceptibles d'être altérés par la chaleur et de développer des radicaux libres.

Nous recommandons donc de consommer les acides gras polyinsaturés sous leur forme originelle, comme dans les graines de chanvre ou de chia entières. Les gras mono-insaturés, bien que moins fragiles, se retrouvent souvent déjà altérés et rancis sur les tablettes des épiceries. Ici encore, on préférera les comsommer sous forme complète, en allant vers les avocats, les olives, les graines de tournesol, les amandes et les noix en général.

La cuisson de gras mono-insaturés et polyinsaturés – entraîne inévitablement la formation de radicaux libres. L'huile d'olive la plus pure devient un poison après une trop longue cuisson! C'est pourquoi nous recommandons d'utiliser dans ce cas un gras saturé à chaînes moyennes d'acides gras, comme l'huile de noix de coco. Celle-ci est un chef-d'œuvre de la nature pour le corps humain. Contenant de 8 à 12 atomes de carbone, elle peut être transformée rapidement en glycogène ou en protéines, constituant ainsi un carburant formidable pour les athlètes.

Nigiris de chou-fleur

PRÉPARATION 15 MINUTES
DONNE 10 NIGIRIS : 4 ENTRÉES OU 2 PLATS PRINCIPAUX
USTENSILE ROBOT CULINAIRE

1 FEUILLE DE NORI

1/2 MANGUE ET 1/2 AVOCAT, BIEN MÛRS

20 FRAMBOISES

RIZ DE CHOU-FLEUR

600 G DE CHOU-FLEUR (1 MOYEN)

1/8 C. À CAFÉ (1/8 C. À THÉ) DE POIVRE NOIR MOULU

2 C. À CAFÉ (2 C. À THÉ) DE VINAIGRE DE RIZ

1 C. À CAFÉ (1 C. À THÉ) DE SEL DE MER

2 C. À CAFÉ (2 C. À THÉ) DE PSYLLIUM

Mettre tous les ingrédients du riz de chou-fleur au robot culinaire. Réduire en petits morceaux, de la taille de grains de riz. Laisser reposer 15 minutes.

Séparer ce mélange en 10 boulettes et les façonner dans la paume de la main en petits rectangles d'environ 7 cm (3 po) de longueur sur 2,5 cm (1 po) de largeur et 4 cm (1 ½ po) d'épaisseur.

Ôter les noyaux de la mangue et de l'avocat et découper de belles tranches d'environ 7 cm (3 po) de longueur sur 2,5 cm (1 po) de largeur et 2 cm (¾ po) d'épaisseur. Les sortir avec une cuillère.

Déposer un morceau de mangue ou d'avocat sur chaque boulette de riz de chou-fleur.

Au ciseau, découper 10 bandelettes de nori de 1 cm x 6 cm (½ po x 2 ¼ po).

Déposer chaque nigiri sur une bandelette de nori. Mouiller les deux extrémités de chaque bandelette avec de l'eau et les coller sur le dessus du sushi.

À l'aide d'une fourchette, écraser délicatement les framboises pour en séparer les petits grains. Déposer le caviar de framboises ainsi obtenu sur les nigiris.

Manger frais.

Le riz se conserve 4 jours au réfrigérateur dans un contenant hermétique.

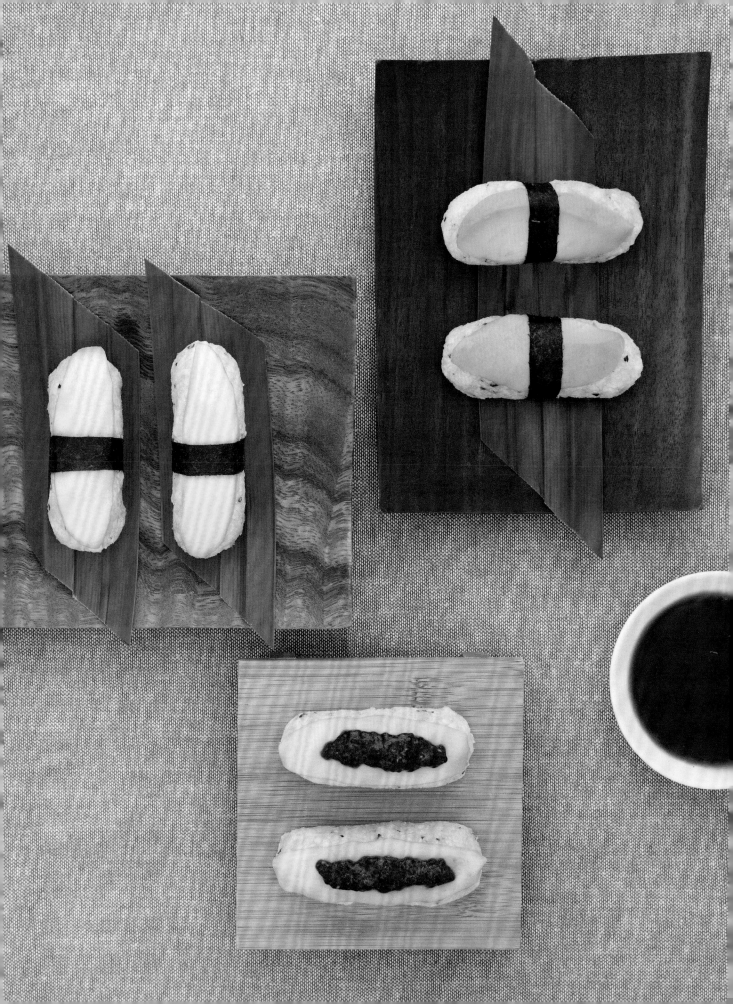

Endives farcies

PRÉPARATION 15 MINUTES
DONNE 8 ENDIVES FARCIES: 4 ENTRÉES OU 2 PLATS PRINCIPAUX

8 BELLES FEUILLES D'ENDIVES

CHUTNEY DE MANGUE

200 G (1 TASSE) DE MANGUE, COUPÉE EN PETITS CUBES

125 G DE COURGETTE, COUPÉE EN PETITS CUBES (ENVIRON 1/2 COURGETTE)

95 G (1/2 TASSE) DE POIVRON ROUGE, CISELÉ FIN

25 G (1/4 TASSE) D'OIGNON ROUGE, HACHÉ FIN

30 G (1/2 TASSE) DE CORIANDRE FRAÎCHE, HACHÉE FIN (FEUILLES ET TIGES), BIEN TASSÉE

2 C. À SOUPE DE JUS DE CITRON

1/4 C. À THÉ (1/4 C. À CAFÉ) DE PIMENT JALAPEÑO FINEMENT HACHÉ OU 1/8 C. À CAFÉ (1/8 C. À THÉ) DE PIMENT DE CAYENNE MOULU

1/2 C. À CAFÉ (1/2 C. À THÉ) DE SEL DE MER

GARNITURE

SAUCE AU CHANVRE (VOIR CI-DESSOUS)

Mélanger tous les ingrédients du chutney de mangue.

Garnir chaque feuille d'endive d'environ 60 ml (1/4 tasse) du chutney.

Décorer de lignes de sauce au chanvre.

Manger frais.

Sauce au chanvre

PRÉPARATION 10 MINUTES
DONNE 625 ML (2 1/2 TASSES)
USTENSILE MIXEUR

60 G (1/2 TASSE) DE CHANVRE
120 G (1 1/2 TASSE) DE CHOU-FLEUR
60 ML (1/4 TASSE) DE JUS DE CITRON
125 ML (1/2 TASSE) D'HUILE DE TOURNESOL
125 ML (1/2 TASSE) D'HUILE D'OLIVE
2 C. À SOUPE DE VINAIGRE DE CIDRE DE POMME
185 ML (3/4 TASSE) D'EAU
1 C. À CAFÉ (1 C. À THÉ) DE SEL DE MER
1 C. À SOUPE DE CIBOULETTE FRAÎCHE
2 C. À CAFÉ (2 C. À THÉ) DE LEVURE ALIMENTAIRE
1/4 C. À CAFÉ (1/4 C. À THÉ) DE POIVRE NOIR MOULU

Mettre tous les ingrédients au mixeur et réduire en une sauce uniforme.

Se conserve 5 jours au réfrigérateur dans un contenant hermétique.

Bombes au pesto

PRÉPARATION 15 MINUTES
DONNE 4 ENTRÉES OU 2 PLATS PRINCIPAUX

4 TOMATES MOYENNES

90 G (½ TASSE) DE PESTO DE PISTACHES AU BASILIC (VOIR P. 93)

2 C. À SOUPE D'HUILE D'OLIVE

2 C. À SOUPE D'AÏOLI AUX CÂPRES (VOIR P. 166) (FACULTATIF)

25 G (1 TASSE) DE ROQUETTE

90 G (1 TASSE) DE GERMINATIONS DE TOURNESOL

40 G (¼ TASSE) DE CÂPRES

20 G (¼ TASSE) DE CROÛTONS (VOIR P. 65)

Couper le « chapeau » des tomates et le réserver. Vider la chair des tomates et la conserver pour une autre recette.

Dans un bol, mélanger le pesto à l'huile d'olive et à l'aïoli. Fourrer les tomates de cette préparation.

Remplir ensuite avec la roquette et les germinations de tournesol. Déposer les câpres et les croûtons par-dessus. Remettre le « chapeau » des tomates avant de servir.

Mangez frais.

Tacos de lechuga

PRÉPARATION 5 MINUTES
DONNE 4 TACOS : 4 ENTRÉES OU 2 PLATS PRINCIPAUX

4 BELLES FEUILLES DE LAITUE
OU DE CHOU CAVALIER

190 ML (3/4 TASSE) DE PÂTÉ OAXACA
(VOIR P. 90)

CHAIR DE 1 AVOCAT,
COUPÉE EN TRANCHES

1/2 POIVRON ROUGE,
COUPÉ EN JULIENNE

75 G (1/2 TASSE) DE GRAINS DE MAÏS
(ENVIRON 1 ÉPI DE MAÏS ÉGRENÉ)

30 G (1/3 TASSE) DE POIREAU,
CISELÉ FIN

4 BRANCHES DE CORIANDRE

1 C. À CAFÉ (1 C. À THÉ) DE POUDRE DE CHILI

Au cœur de chaque feuille de laitue, déposer 3 c. à soupe de pâté oaxaca. Répartir sur toute la longueur.

Déposer les tranches d'avocat, la julienne de poivron rouge, 2 c. à soupe de grains de maïs, une ligne d'oignon rouge et une branche de coriandre. Saupoudrer de poudre de chili.

Servir tel quel dans les assiettes et rouler pour manger.

Manger frais.

Tour de tomates guacamole

PRÉPARATION 10 MINUTES
PORTIONS 4 ENTRÉES OU 2 PLATS PRINCIPAUX
USTENSILE EMPORTE-PIÈCES ROND

350 G DE TOMATES (2 TOMATES MOYENNES)

TARTARE DE MAÏS ET D'AVOCAT

450 G DE CHAIR D'AVOCAT, COUPÉE EN PETITS CUBES (2 À 3 AVOCATS)

75 G (1/2 TASSE) DE GRAINS DE MAÏS (ENVIRON 1 ÉPI ÉGRENÉ)

2 C. À SOUPE DE TOMATES SÉCHÉES, HACHÉES

2 C. À SOUPE DE CORIANDRE FRAÎCHE (FEUILLES ET TIGES), HACHÉE FIN, BIEN TASSÉE

250 G DE CÉLERI EN BRUNOISE (1/2 BRANCHE)

1/8 C. À CAFÉ (1/8 C. À THÉ) DE SEL DE MER

1/8 C. À CAFÉ (1/8 C. À THÉ) DE CUMIN MOULU

1/2 C. À CAFÉ (1/2 C. À THÉ) DE POUDRE DE CHILI

ZESTE ET JUS DE 1 CITRON VERT

120 G (2 TASSES) DE POUSSES DE ROQUETTE

Couper les tomates en petits dés et égoutter le surplus de liquide.

Réserver. Mettre dans un bol tous les ingrédients du tartare de maïs et d'avocat. Mélanger délicatement.

Placer un emporte-pièces au centre de l'assiette de service. L'entourer d'un nid de pousses de roquette.

Déposer 3 c. à soupe de tartare de maïs et d'avocat dans le fond de l'emporte-pièces. Appuyer avec le dos de la cuillère pour tasser le tout sans écraser. Déposer 3 c. à soupe de tomates au-dessus, puis à nouveau 2 c. à soupe de tartare de maïs et d'avocat. Fermer l'emporte-pièces avec 2 c. à soupe de dés de tomates et tasser le tout avec le dos de la cuillère pour former une tour compacte, mais non écrasée.

Répéter l'opération pour les 3 autres assiettes.

Manger frais.

Plats principaux

Pizza nuit

PRÉPARATION 5 MINUTES
PORTIONS 4
USTENSILE MACHINE À COUPE SPIRALE

4 CROÛTES À PIZZA (VOIR P. 115)

190 ML (3/4 TASSE) DE SAUCE AUX TOMATES SÉCHÉES (VOIR P. 160)

125 ML (1/2 TASSE) DE TAPENADE AUX OLIVES KALAMATA (VOIR P. 88)

3/4 DE COURGETTE MOYENNE, PASSÉE EN SPAGHETTIS À LA MACHINE À COUPE SPIRALE

25 G (1 TASSE) DE ROQUETTE

TIGES D'UN BULBE DE FENOUIL, COUPÉES EN RONDELLES FINES

2 C. À SOUPE DE CRUMESAN (VOIR P. 161)

Sur chaque pizza, tartiner 3 c. à soupe de sauce aux tomates séchées et 2 c. à soupe de tapenade aux olives Kalamata. Tapisser de spaghettis de courgettes et recouvrir de roquette. Répartir une dizaine de rondelles de tiges de fenouil.

Couper les pizzas en quatre morceaux en suivant leurs diagonales.

Saupoudrer de crumesan.

Manger frais.

Pizza jour

PRÉPARATION 10 MINUTES
PORTIONS 4
USTENSILE MANDOLINE

4 CROÛTES À PIZZA (VOIR P. 115)

180 ML (3/4 TASSE) D'AÏOLI AUX CÂPRES (VOIR P. 166)

4 TOMATES, COUPÉES EN TRANCHES TRÈS FINES À LA MANDOLINE

24 TRANCHES DE BACON D'AUBERGINES (VOIR P. 166), COUPÉES EN PETITS MORCEAUX

1 TASSE D'ÉPINARDS EN CHIFFONNADE

60 ML (1/4 TASSE) DE CRÈME FRAÎCHE (VOIR P. 177)

25 G (1/4 TASSE) DE LÉGUMES MARINÉS (VOIR P. 117)

Sur chaque pizza, tartiner 3 c. à soupe d'aïoli, tapisser de tranches de tomates, répartir les morceaux de bacon d'aubergine, la chiffonnade d'épinards et les champignons dégorgés.

Garnir de 1 c. à soupe de crème fraîche.

Couper les pizzas en quatre morceaux en suivant leur diagonale.

Manger frais.

Don Quichette

PRÉPARATION 20 MINUTES
PORTIONS 4 À 6
USTENSILE MIXEUR

1 RECETTE DE CROÛTE À QUICHETTE (VOIR CI-DESSOUS)

125 ML (1/2 TASSE) DE LÉGUMES, COUPÉS EN TRÈS PETITS CUBES : OIGNON, CHOU-FLEUR, POIVRON, COURGETTE, BROCOLI

15 G (2 C. À SOUPE) D'OIGNON, COUPÉ GROSSIÈREMENT

75 G DE CAROTTE ÉPLUCHÉE, COUPÉE GROSSIÈREMENT (1 CAROTTE)

75 G DE COURGETTE, PARÉE, COUPÉE GROSSIÈREMENT (1/2 COURGETTE MOYENNE)

2 C. À SOUPE DE SAUCE TAMARI SANS BLÉ

1/2 GOUSSE D'AIL OU 1/2 C. À CAFÉ (1/2 C. À THÉ) DE PURÉE D'AIL (VOIR P. 25)

20 G (1/2 TASSE) D'ÉPINARDS

100 G (2/3 TASSE) DE NOIX DE CAJOU

125 ML (1/2 TASSE) D'EAU

1/8 C. À CAFÉ (1/8 C. À THÉ) DE POIVRE NOIR MOULU

1 C. À CAFÉ (1 C. À THÉ) DE CURCUMA MOULU

1 C. À CAFÉ (1 C. À THÉ) DE LEVURE ALIMENTAIRE

1/4 C. À CAFÉ (1/4 C. À THÉ) DE SEL DE MER

MÉLANGE EAU/AGAR-AGAR

1 C. À CAFÉ (1 C. À THÉ) D'AGAR-AGAR

125 ML (1/2 TASSE) D'EAU

Étaler la croûte dans le fond d'un petit moule à tarte de 15 cm (6 po) de diamètre.

Mettre le mélange de légumes en cubes dans un grand bol. Réserver.

Au mixeur, broyer tous les autres ingrédients, sauf le mélange eau/agar-agar, jusqu'à l'obtention d'un liquide uniforme.

Mettre l'eau et l'agar-agar dans une casserole et porter à ébullition en remuant souvent. Laisser bouillir 2 minutes, puis intégrer ce liquide au mixeur pendant qu'il tourne. Après 10 secondes, verser la préparation dans le bol de légumes et mélanger rapidement à la spatule.

Déposer le contenu du bol dans la croûte et mettre rapidement au réfrigérateur sans couvrir. L'agar-agar met environ 1 heure à prendre complètement. Durant ce temps, il est important de ne pas remuer la quiche.

Se conserve 4 jours au réfrigérateur couverte d'une pellicule plastique.

---

25 G (1/4 TASSE) DE TOMATES SÉCHÉES, HACHÉES AU COUTEAU

2 C. À SOUPE D'EAU

80 G (3/4 TASSE) DE NOIX DE GRENOBLE

70 G (1/2 TASSE) DE NOIX DU BRÉSIL

2 C. À SOUPE DE SARRASIN GERMÉ DÉSHYDRATÉ (VOIR P. 25)

1 C. À SOUPE D'HUILE DE NOIX DE COCO, FONDUE

1/2 GOUSSE D'AIL OU 1/2 C. À CAFÉ (1/2 C. À THÉ) DE PURÉE D'AIL (VOIR P. 25)

1/4 C. À CAFÉ (1/4 C. À THÉ) DE SEL DE MER

Croûte à quichette

TREMPAGE 5 MINUTES
PRÉPARATION 10 MINUTES
DONNE 1 CROÛTE
USTENSILE ROBOT CULINAIRE

Mettre les tomates séchées dans l'eau, laisser tremper le temps de préparer les autres ingrédients.

Au robot culinaire, mélanger les noix du Brésil, les noix de Grenoble et le sarrasin, jusqu'à ce que les noix soient réduites en miettes. Le sarrasin ne sera jamais complètement broyé.

Ajouter les tomates séchées ainsi que le reste des ingrédients au robot et mélanger jusqu'à l'obtention d'une pâte uniforme, rouge et lisse.

Se conserve 2 semaines au réfrigérateur dans un contenant hermétique.

Lasagne pura vida

PRÉPARATION 60 MINUTES
DONNE 8 PORTIONS
USTENSILE MANDOLINE

425 G DE COURGETTE, PARÉE
(2 OU 3 COURGETTES MOYENNES)

600 G (2 1/2 TASSES) DE SAUCE AUX
TOMATES SÉCHÉES (VOIR CI- DESSOUS)

10 G (1/2 TASSE) DE FEUILLES
DE BASILIC FRAIS

160 G (2/3 TASSE) DE FROMAGE RICOTTA
DE MACADAMIA (VOIR P. 89)

1 C. À SOUPE DE CRUMESAN
(VOIR CI-CONTRE)

1 C. À SOUPE DE FEUILLES DE PERSIL,
HACHÉES FIN, BIEN TASSÉES

Avec une mandoline, couper les courgettes en tranches très fines (2 mm [¹⁄₁₆ po]) sur toute leur longueur, pour former des «pâtes à lasagne».

Dans le fond d'un petit plat à gratin (20 x 20 cm [8 po x 8 po]), déposer une couche «de pâtes de courgettes» composée de 2 ou 3 épaisseurs de lamelles fines assemblées le plus hermétiquement possible.

Garnir de 160 g (¾ tasse) de sauce aux tomates séchées.

Continuer à monter la lasagne en alternant : une couche de courgette, 160 g (¾ tasse) de sauce aux tomates séchées, une couche de basilic frais, une couche de courgette, une couche de ricotta de macadamia (mélangée à ½ c. à soupe d'eau s'il est trop difficile à étaler), une couche de courgette et toute la sauce aux tomates séchées restante.

Saupoudrer de crumesan et de persil haché.

Couper soigneusement avec un couteau bien affûté.

Se conserve 5 jours au réfrigérateur dans un contenant hermétique.

---

450 G DE TOMATES (3 TOMATES MOYENNES)

125 G (1 1/4 TASSE) DE TOMATES SÉCHÉES

1 C. À SOUPE DE RAISINS SULTANA SECS

60 G (1/2 TASSE) DE CAROTTE, COUPÉE
GROSSIÈREMENT

60 G (1/2 TASSE) D'OIGNON, COUPÉ
GROSSIÈREMENT

1 GOUSSE D'AIL OU 1 C. À CAFÉ (1 C. À THÉ) D'AIL
EN PURÉE (VOIR RECETTE P. 25)

1/2 C. À SOUPE D'HUILE D'OLIVE

1/2 C. À CAFÉ (1/2 C. À THÉ) DE PIMENTS ROUGES
BROYÉS

1/2 C. À CAFÉ (1/2 C. À THÉ) D'ORIGAN SEC

1/2 C. À CAFÉ (1/2 C. À THÉ) DE GRAINES DE
CÉLERI

2 C. À SOUPE DE PERSIL FRAIS

2 C. À SOUPE DE BASILIC FRAIS

Sauce aux tomates séchées

PRÉPARATION 25 MINUTES
DONNE ENVIRON 775 G (2 3/4 TASSES)
USTENSILE MIXEUR

Au mixeur, réduire les tomates en purée. Ajouter les tomates séchées et les raisins sultana et les laisser tremper dans la préparation au moins 10 minutes. Broyer le mélange et ajouter le reste des ingrédients, à l'exception du persil et du basilic frais. Réduire le tout en une sauce qui comporte de petits morceaux de légumes. Ajouter les herbes fraîches et broyer 5 secondes afin de les incorporer grossièrement à la sauce.

Se conserve 10 jours au réfrigérateur dans un contenant hermétique.

140 G (1 TASSE) DE NOIX DU BRÉSIL

1/4 C. À CAFÉ (1/4 C. À THÉ) DE PURÉE D'AIL
(VOIR P. 25) OU 1/4 DE GOUSSE D'AIL, HACHÉE

1/4 C. À CAFÉ (1/4 C. À THÉ) DE SEL DE MER

1/8 C. À CAFÉ (1/8 C. À THÉ) DE POIVRE NOIR
MOULU

Crumesan

PRÉPARATION 5 MINUTES
DONNE ENVIRON 150 G (1 TASSE)
USTENSILE ROBOT CULINAIRE

Mettre tous les ingrédients au robot culinaire et broyer brièvement
par à-coups, pour obtenir une texture hachée, mais croquante.

Se conserve 2 semaines au réfrigérateur dans un contenant hermétique.

ÖM burger

PRÉPARATION 5 MINUTES
PORTIONS 4

4 BOULETTES DE BURGERS
(VOIR CI-DESSOUS)

8 CHAPATIS (VOIR P. 119)

AU GOÛT: KETCHUP (VOIR P. 169), AÏOLI AUX
CÂPRES (VOIR P. 166) OU MOUTARDE MAISON
(VOIR CI-DESSOUS)

AU GOÛT: LAITUE, TOMATE, OIGNON ÉMINCÉ,
GERMINATIONS DE TRÈFLE

Garnir les chapatis de sauce, puis déposer la laitue, les oignons, la tomate, la boulette et les germinations.

Manger frais.

---

100 G (1 TASSE) DE TOMATES SÉCHÉES

200 G DE COURGETTE, PARÉE, COUPÉE
GROSSIÈREMENT (1 COURGETTE MOYENNE)

200 G (2 TASSES) DE CHAMPIGNONS, COUPÉS
GROSSIÈREMENT, BIEN TASSÉS

100 G (1 TASSE) D'OIGNON, COUPÉ
GROSSIÈREMENT

4 CAROTTES, RÂPÉES

120 G (1 TASSE) DE POIVRON ROUGE, PARÉ,
COUPÉ GROSSIÈREMENT

3 C. À SOUPE DE SAUCE TAMARI SANS BLÉ

1 C. À SOUPE DE ROMARIN ENTIER SEC

2 C. À SOUPE D'ORIGAN SEC

1 C. À CAFÉ (1 C. À THÉ) DE POIVRE NOIR MOULU

1/8 C. À CAFÉ (1/8 C. À THÉ) DE PIMENT DE
CAYENNE MOULU

120 G (1 TASSE) DE GRAINES DE LIN MOULUES

Boulettes de burgers

PRÉPARATION 40 MINUTES
DÉSHYDRATATION «SAIGNANT»: 6 À 8 H; «À POINT»: 8 À 10 H
DONNE 10 BOULETTES
USTENSILES ROBOT CULINAIRE, DÉSHYDRATEUR

Mettre les tomates séchées dans un bol avec un peu d'eau. Laisser tremper pendant 5 minutes, puis égoutter.

Dans un robot culinaire, broyer tous les ingrédients, sauf les graines de lin moulues. Mélanger pendant 1 minute environ. Le mélange doit être homogène, mais comporter de petits morceaux de légumes. Verser dans un grand contenant, puis ajouter les graines de lin. Mélanger à la main jusqu'à ce que la pâte soit collante.

À la main ou à l'aide d'un moule, former des boulettes plates de 10 cm (4 po) de diamètre. Utiliser 125 g (½ tasse) de ce mélange pour chacune. Répartir les boulettes sur 2 grilles du déshydrateur. Déshydrater les burgers à 40 °C (105 °F) pendant 6 heures. Les retourner au milieu du cycle. Les boulettes doivent tenir ensemble, mais rester souples.

Pour manger chaud, avant de servir, déshydrater de nouveau pendant 30 minutes à 1 h 30 (de «saignant» à «à point») à 40 °C (105 °F).

Se conserve 7 jours au réfrigérateur dans un contenant hermétique.

---

40 G (1/4 TASSE) DE GRAINES DE MOUTARDE

125 ML (1/2 TASSE) DE VINAIGRE
DE CIDRE DE POMME

3 C. À SOUPE D'HUILE D'OLIVE

1 C. À CAFÉ (1 C. À THÉ) DE NECTAR D'AGAVE

1/2 C. À CAFÉ (1/2 C. À THÉ) DE CURCUMA MOULU

1/2 C. À CAFÉ (1/2 C. À THÉ) DE SEL DE MER

2 C. À CAFÉ (2 C. À THÉ) DE SAUGE MOULUE

Moutarde maison

PRÉPARATION 30 MINUTES
TREMPAGE 10 MINUTES
DONNE 250 ML (1 TASSE)
USTENSILE MIXEUR

Faire tremper les graines de moutarde pendant 30 minutes. Filtrer ensuite les graines pour en retirer le plus d'eau possible. Jeter l'eau de trempage.

Passer les graines dans le mixeur avec les autres ingrédients, jusqu'à l'obtention d'une moutarde uniforme et lisse. Cela peut prendre plusieurs minutes.

Pour varier les plaisirs, assaisonner la moutarde de ses herbes, de ses fruits ou de ses épices préférés.

Se conserve au moins 6 mois au réfrigérateur dans un contenant hermétique.

Portobellos à la ricotta d'épinards

PRÉPARATION 10 MINUTES
MARINADE **1 HEURE**
DÉSHYDRATATION **ENVIRON 2 HEURES**
PORTIONS 4
USTENSILE DÉSHYDRATEUR

4 CHAMPIGNONS PORTOBELLOS, FROTTÉS, ÉQUEUTÉS

1/4 DE RECETTE DE MARINADE POUR CHAMPIGNONS (VOIR P. 135)

120 G (1/2 TASSE) DE FROMAGE RICOTTA DE MACADAMIA (VOIR P. 89)

1 BELLE POIGNÉE D'ÉPINARDS, HACHÉS

Déposer les têtes de portobellos dans la marinade et laisser reposer environ 1 heure.

Dans un bol, mélanger la ricotta de macadamia et les épinards hachés. Farcir les champignons de ce mélange.

Déposer les champignons farcis sur des grilles et déshydrater à 40 °C (105 °F) pendant 2 heures. Le pâté va durcir, mais l'ensemble doit rester humide.

Se conserve 3 jours au réfrigérateur dans un contenant hermétique.

Pour nettoyer les champignons, il est toujours préférable de les frotter avec un pinceau, une brosse ou un chiffon. Le fait de les passer sous l'eau les gorge de liquide, atténue leur saveur et diminue l'attrait de leur texture.

BLT

PRÉPARATION 5 MINUTES
PORTIONS 4

24 TRANCHES DE BACON D'AUBERGINE
(VOIR CI-DESSOUS)

8 TRANCHES DE PAIN MÉDITERRANÉEN AUX
AMANDES (VOIR P. 118)

AU GOÛT: AÏOLI AUX CÂPRES
(VOIR CI-DESSOUS)

AU GOÛT: LAITUE, RONDELLES DE TOMATES,
GERMINATIONS DE TRÈFLE

Couper les tranches de bacon d'aubergine en morceaux de 2 cm
(¾ po) de long.

Garnir les tranches de pain d'aïoli aux câpres, puis déposer la
laitue, les tomates, le bacon d'aubergine tranché et les
germinations.

Manger frais.

---

350 G D'AUBERGINE,
ÉPLUCHÉE (1 BELLE AUBERGINE)

MARINADE

2 C. À SOUPE DE SAUCE TAMARI SANS BLÉ (OU
DE NAMA SHOYU OU DE SAUCE BRAGGS)

2 C. À SOUPE DE SIROP D'ÉRABLE

1/4 C. À CAFÉ (1/4 C. À THÉ) DE PIMENT
CHIPOTLE EN POUDRE

1/2 C. À SOUPE DE TOMATES SÉCHÉES

2 C. À CAFÉ (2 C. À THÉ) D'HUILE D'OLIVE

Bacon d'aubergine

PRÉPARATION 20 MINUTES
DÉSHYDRATATION 4 À 6 HEURES
DONNE 30 TRANCHES DE BACON
USTENSILES MANDOLINE, DÉSHYDRATEUR

À la mandoline, trancher les aubergines en fines lamelles de 0,5 cm
(⅛ po) sur toute leur longueur.

Dans un bol, mélanger au fouet tous les ingrédients de la marinade. Déposer les tranches d'aubergines dans la marinade et
mélanger pour bien les imprégner.

Répartir les tranches d'aubergines sur 1 ou 2 grilles de déshydrateur,
en prenant soin de bien les déplier et en évitant de les superposer.
Déshydrater à 40 °C (105 °F) pendant 4 à 6 heures.

Se conserve 2 mois au réfrigérateur dans un contenant hermétique.

---

2 C. À SOUPE DE VINAIGRE DE CIDRE DE POMME

2 C. À SOUPE DE JUS DE CITRON

300 G (2 TASSES) DE NOIX DE CAJOU

1 GOUSSE D'AIL OU 1 C. À CAFÉ (1 C. À THÉ)
DE PURÉE D'AIL (VOIR P. 25)

160 ML (2/3 TASSE) D'EAU

1 C. À CAFÉ (1 C. À THÉ) DE SEL

2 C. À SOUPE DE CÂPRES, BIEN TASSÉES

Aïoli aux câpres

PRÉPARATION 10 MINUTES
DONNE 500 ML (2 TASSES)
USTENSILE MIXEUR

Mettre tous les ingrédients, sauf les câpres, au mixeur, puis bien
broyer jusqu'à l'obtention d'une sauce crémeuse et lisse.

Ajouter les câpres et mélanger brièvement par pulsations,
de manière à conserver de petits morceaux de câpres.

Se conserve 2 semaines au réfrigérateur dans un contenant hermétique.

166

Pâté chinois

PRÉPARATION 30 MINUTES
PORTIONS 15
USTENSILE MIXEUR

1 RECETTE DE VIANDE DE LENTILLES (VOIR CI-DESSOUS)

500 G (3 TASSES) DE GRAINS DE MAÏS CRUS

1/4 C. À CAFÉ (1/4 C. À THÉ) DE SEL DE MER

PURÉE

425 G DE CHOU-FLEUR, COUPÉ GROSSIÈREMENT (1/2 CHOU-FLEUR MOYEN)

225 G (1 1/2 TASSE) DE NOIX DE CAJOU

2 GOUSSES D'AIL OU 2 C. À CAFÉ (2 C. À THÉ) DE PURÉE D'AIL (VOIR P. 25)

2 C. À SOUPE DE JUS DE CITRON

60 ML (1/4 TASSE) D'HUILE D'OLIVE

2 C. À SOUPE DE LEVURE ALIMENTAIRE

1/2 C. À CAFÉ (1/2 C. À THÉ) DE POIVRE NOIR MOULU

1 1/2 C. À CAFÉ (1 1/2 C. À THÉ) DE SEL DE MER

Répartir la viande de lentilles dans le fond d'un grand plat à gratin.

Dans un bol, mélanger le maïs et le sel. Répartir ce mélange au-dessus de la viande de lentilles.

Au mixeur, broyer tous les autres ingrédients en une purée uniforme et onctueuse.

Étaler la purée obtenue sur le pâté.

Saupoudrer de paprika et mettre au réfrigérateur 2 heures pour laisser figer.

Se conserve 4 jours au réfrigérateur dans un contenant hermétique.

ENVIRON 150 G (3/4 TASSE) DE LENTILLES VERTES ET/OU BRUNES ET/OU VERTES DU PUY

200 G (1 1/2 TASSE) DE GRAINES DE TOURNESOL

100 G (1 TASSE) DE POIVRON ROUGE, EN BRUNOISE

100 G (2 BRANCHES) DE CÉLERI, EN BRUNOISE

3/4 C. À CAFÉ (3/4 C. À THÉ) DE PURÉE D'AIL (VOIR P. 25) OU 1 PETITE GOUSSE D'AIL

75 G (3/4 TASSE) D'OIGNON, FINEMENT CISELÉ

12 G (1/4 TASSE) DE PERSIL FRAIS HACHÉ FINEMENT (FEUILLES ET TIGES), BIEN TASSÉ

1 1/2 C. À SOUPE DE SAUCE BRAGGS (OU NAMA SHOYU)

2 C. À SOUPE DE LEVURE ALIMENTAIRE

2 C. À SOUPE D'HUILE DE TOURNESOL

2 C. À SOUPE DE CIBOULETTE SÈCHE

1/2 C. À CAFÉ (1/2 C. À THÉ) DE POIVRE NOIR MOULU

1 C. CAFÉ (1 C. À THÉ) DE SEL DE MER

Viande de lentilles

Faire tremper les graines de tournesol pendant 8 heures, puis bien rincer. Jeter l'eau de trempage.

Ajouter les brunoises de poivron et de céleri, et broyer quelques instants pour uniformiser. Déposer dans un bol et mélanger au reste des ingrédients.

2 DATTES DÉNOYAUTÉES OU 2 C. À SOUPE DE
PÂTE DE DATTES (VOIR P. 25)

1 TOMATE MOYENNE

2 C. À SOUPE D'HUILE D'OLIVF

2 C. À SOUPE DE VINAIGRE DE CIDRE DE POMME

70 G (1/2 TASSE) DE TOMATES SÉCHÉES,
BIEN TASSÉES

1/2 C. À CAFÉ (1/2 C. À THÉ)
D'OIGNON EN POUDRE

1/2 C. À CAFÉ (1/2 C. À THÉ) D'AIL EN POUDRE

1/2 C. À CAFÉ (1/2 C. À THÉ) DE POUDRE DE CHILI

1/8 C. À CAFÉ (1/8 C. À THÉ) DE CLOU DE
GIROFLE MOULU

Ketchup

PRÉPARATION 10 MINUTES
DONNE 500 ML (2 TASSES)
USTENSILE MIXEUR

Passer le tout au mixeur, jusqu'à l'obtention d'une pâte homogène,
rouge et lisse ; cela peut prendre plusieurs minutes.

Si la tomate est très juteuse, il se peut que le ketchup ne soit pas
assez épais. Dans ce cas, il faudra ajouter 2 c. à soupe de tomates
séchées.

Se conserve 3 semaines au réfrigérateur dans un contenant hermétique.

Wrap d'exception au chipotle

PRÉPARATION 5 MINUTES
PORTIONS 4

80 ML (1/3 TASSE) DE SAUCE CHIPOTLE
(VOIR P. 81)

350 G (2 1/2 TASSES) DE QUINOA CUIT
ET FROID (VOIR CI-DESSOUS)

4 FEUILLES DE RIZ

1 C. À SOUPE DE GRAINES DE SÉSAME BLANC

4 FEUILLES DE NORI

4 BELLES FEUILLES DE LAITUE

1/2 POIVRON ROUGE,
COUPÉ EN JULIENNE

1 AVOCAT EN TRANCHES

1/4 D'OIGNON ROUGE, COUPÉ EN
LAMELLES TRÈS FINES

120 G (2 TASSES) DE GERMINATIONS
DE TRÈFLE

Dans un bol, mélanger la sauce chipotle au quinoa. Réserver.

Tremper une feuille de riz dans un bol d'eau tiède et déposer sur la table, en laissant dépasser une extrémité ; elle sera plus facile à prendre au moment de rouler.

Parsemer la feuille de riz de graines de sésame blanc, puis déposer une feuille de nori au centre de la feuille de riz.

Prendre une ou deux belles feuilles de laitue et écraser les nervures à la main (pour éviter qu'elles ne brisent au roulage). En recouvrir la feuille de riz sur la moitié en hauteur (au-dessus de la surface qui dépasse), et sur les trois quarts en largeur. Elles ne doivent pas se superposer, mais remplir tout l'espace.

À la base et sur toute la largeur de la feuille de nori, répartir en alternance 160 ml (⅔ tasse) de mélange quinoa-chipotle, une ligne de poivron rouge, une ligne d'oignons et une ligne d'avocat. Enfin, recouvrir d'une belle poignée de germinations de trèfle.

Rouler : ramener d'abord le bout qui dépasse de la table sur la préparation et tasser avec la main pour éliminer le vide. Rabattre les côtés, puis rouler le tout en exerçant une légère pression vers le haut pour bien serrer le rouleau.

Couper les rouleaux en deux.

Manger frais.

---

200 G (1 TASSE) DE QUINOA
1/2 C. À CAFÉ (1/2 C. À THÉ) D'HUILE
DE TOURNESOL
415 ML (1 2/3 TASSE) D'EAU
1/2 C. À CAFÉ (1/2 C. À THÉ) DE SEL DE MER

Quinoa cuit !

DONNE 3 TASSES
CUISSON 15 MINUTES

Bien rincer les graines de quinoa jusqu'à ce que l'eau soit claire. Dans une casserole ou un autocuiseur à riz, verser le quinoa et le reste des ingrédients.

Porter à ébullition, puis couvrir et laisser cuire à feu doux jusqu'à ce que l'eau soit absorbée, soit de 10 à 15 minutes.

Éteindre le feu et laisser reposer à couvert encore 5 bonnes minutes. Le quinoa est prêt lorsque chaque grain a doublé de volume et libéré son germe.

Laisser refroidir à découvert avant de l'utiliser pour les wraps.

Se conserve 5 jours au réfrigérateur dans un contenant hermétique.

Cannellonis aux champignons

PRÉPARATION 15 MINUTES
PORTIONS 4
USTENSILE MANDOLINE

300 G DE COURGETTE, PARÉE
(ENVIRON 1 1/2 COURGETTE)

8 FEUILLES D'ÉPINARD MOYENNES

120 G (1/2 TASSE) DE FROMAGE RICOTTA DE
MACADAMIA (VOIR P. 89)

1 RECETTE DE CHAMPIGNONS DÉGORGÉS
(VOIR CI-DESSOUS)

125 ML (1/2 TASSE) DE COULIS DE TOMATES
(VOIR CI-DESSOUS)

Avec une mandoline, couper les courgettes sur la longueur en 32 tranches suffisamment fines pour être flexibles et rouler sans se briser.

Sur le plan de travail, faire chevaucher en longueur 4 tranches de courgettes qui seront roulées ensemble pour former le cannelloni.

Sur une extrémité des courgettes, déposer une feuille d'épinard en la laissant dépasser d'un côté.

Mettre une boulette de 1 c. à soupe de ricotta sur la feuille.

Déposer 2 c. à soupe de champignons dégorgés.

Prendre la base des tranches de courgette et rouler le cannelloni.

Répéter l'opération pour les tranches restantes.

Napper l'assiette de 2 c. à soupe de coulis de tomates et y déposer 2 cannellonis.

Manger frais.

---

50 G (1/2 TASSE) DE CHAMPIGNONS, TRANCHÉS
1 C. À CAFÉ (1 C. À THÉ) DE SEL DE MER
2 C. À CAFÉ (2 C. À THÉ) D'HUILE D'OLIVE
1/4 C. À CAFÉ (1/4 C. À THÉ) DE POIVRE NOIR
MOULU

Champignons dégorgés

Dans un saladier, malaxer les champignons avec le sel, le poivre et l'huile pour bien les imprégner. Faire dégorger une quinzaine de minutes. Ils vont réduire de moitié.

Jeter l'eau qui se forme dans le fond du bol avant l'utilisation.

Manger frais.

---

1 TOMATE MOYENNE
35 G (1/4 TASSE) DE TOMATES SÉCHÉES,
BIEN TASSÉES
2 C. À SOUPE D'HUILE D'OLIVE
1/4 C. À CAFÉ (1/4 C. À THÉ) DE BASILIC SEC OU
3 FEUILLES DE BASILIC FRAIS
1/4 C. À CAFÉ (1/4 C. À THÉ) DE PAPRIKA
1/8 C. À CAFÉ (1/8 C. À THÉ) DE PIMENT DE
CAYENNE
1 C. À CAFÉ (1 C. À THÉ) DE NECTAR D'AGAVE

Coulis de tomates

PRÉPARATION 5 MINUTES
DONNE 1 TASSE
USTENSILE MIXEUR

Broyer le tout au mixeur jusqu'à l'obtention d'un coulis soyeux et lisse. Si la tomate est très juteuse, ajouter jusqu'à 2 c. à soupe de tomates séchées pour épaissir le coulis.

Se conserve 10 jours au réfrigérateur dans un contenant hermétique.

172

Tourte aux épinards

PRÉPARATION 20 MINUTES
PORTIONS 8
USTENSILE MIXEUR

1 RECETTE DE CROÛTE À TOURTE (VOIR CI-CONTRE)

50 G (1/2 TASSE) DE TOMATES SÉCHÉES, HACHÉES GROSSIÈREMENT AU COUTEAU

125 ML (1/2 TASSE) D'EAU

60 G (2 TASSES) D'ÉPINARDS, HACHÉS GROSSIÈREMENT AU COUTEAU

1 C. À SOUPE D'ANETH FRAIS, HACHÉ FIN, BIEN TASSÉ

2 C. À SOUPE D'HUILE DE NOIX COCO, FONDUE

1 C. À CAFÉ (1 C. À THÉ) DE PURÉE D'AIL (VOIR P. 25) OU 1 GOUSSE D'AIL

25 G (1/4 TASSE) D'OIGNON ROUGE, COUPÉ GROSSIÈREMENT

100 G DE COURGETTE, ÉPLUCHÉE, PARÉE (ENVIRON 1/2 COURGETTE)

25 G DE CÉLERI, COUPÉ GROSSIÈREMENT (1/2 BRANCHE)

25 G (1/4 TASSE) DE CHOU-FLEUR, COUPÉ GROSSIÈREMENT

75 G (1/2 TASSE) DE NOIX DE CAJOU

1 C. À SOUPE DE LEVURE ALIMENTAIRE

1 1/2 C. À SOUPE DE LÉCITHINE DE SOYA

1/2 C. À CAFÉ (1/2 C. À THÉ) DE SEL DE MER

1/4 C. À CAFÉ (1/4 C. À THÉ) DE POIVRE NOIR MOULU

GARNITURE D'ASSIETTE
120 G (4 TASSES) D'ÉPINARDS, COUPÉS EN FINES LAMELLES (1/2 TASSE PAR PERSONNE)

30 G (1/2 TASSE) D'ANETH FRAIS HACHÉ FIN, BIEN TASSÉ (1 C. À SOUPE PAR PERSONNE)

Faire tremper les tomates séchées dans l'eau. Réserver.

Étaler la croûte dans le fond d'un petit plat à gratin (20 cm x 20 cm [8 po x 8 po]).

Répartir les épinards et l'aneth hachés sur la croûte.

Au mixeur, mettre les ingrédients restants, les tomates séchées et leur eau de trempage et broyer jusqu'à l'obtention d'un liquide uniforme.

Verser le mélange dans le moule.

Mettre au réfrigérateur environ 3 heures pour laisser prendre.

Au moment de servir la tourte, répartir sur chacune des portions les champignons sautés (voir ci-dessous) et la garniture d'assiette.

---

3 C. À SOUPE D'HUILE D'OLIVE

1/2 C. À SOUPE DE VINAIGRE BALSAMIQUE

1/4 C. À CAFÉ (1/4 C. À THÉ) DE SEL DE MER

1/8 C. À CAFÉ (1/8 C. À THÉ) DE POIVRE NOIR MOULU

100 G (2 TASSES) DE CHAMPIGNONS, TRANCHÉS

Champignons sautés

À l'aide d'un fouet, mélanger l'huile d'olive, le vinaigre balsamique, le sel de mer et le poivre, avant d'y intégrer les tranches de champignons. Bien mélanger.

Répartir sur une grille de déshydrateur.

Déshydrater à 40 °C (105 °F) pendant environ 30 minutes.

Se conserve de 5 à 7 jours au réfrigérateur dans un contenant hermétique.

2 C. À CAFÉ (2 C. À THÉ) D'HUILE DE NOIX
DE COCO FONDUE

90 G (2/3 TASSE) DE NOIX DU BRÉSIL

30 G (1/3 TASSE) DE NOIX DE GRENOBLE

3 C. À SOUPE DE TOMATES SÉCHÉES, HACHÉES
GROSSIÈREMENT AU COUTEAU

25 G (1/4 TASSE) DE SARRASIN GERMÉ
DÉSHYDRATÉ (VOIR P. 25)

1 1/2 C. À SOUPE DE KETCHUP
(VOIR P. 169)

1 1/2 C. À SOUPE DE GRAINES DE LIN MOULUES

Croûte à tourte

PRÉPARATION 10 MINUTES
DONNE 1 CROÛTE
USTENSILE ROBOT CULINAIRE

Mettre tous les ingrédients au robot culinaire, sauf le ketchup et les graines de lin moulues. Réduire en une pâte uniforme, mais conserver des petits morceaux de noix.

Mettre dans un bol et incorporer le ketchup et la poudre de lin. Mélanger.

Se conserve 2 semaines au réfrigérateur dans un contenant hermétique.

Tacos suprêmes

PRÉPARATION 5 MINUTES
PORTIONS 4

8 FEUILLES DE LAITUE

8 TORTILLAS (VOIR P. 112)

16 BOULETTES SIN CARNE, COUPÉES EN 4
(VOIR P. 110)

8 C. À SOUPE DE SAUCE CHIPOTLE
(VOIR P. 81)

1 AVOCAT, COUPÉ EN LAMELLES

1/4 DE POIVRON ROUGE, EN JULIENNE

8 BRANCHES DE CORIANDRE

90 G (1/2 TASSE) DE GERMINATIONS
DE TRÈFLE

CRÈME FRAÎCHE (VOIR CI-DESSOUS)

1/4 DE RECETTE DE SALSA (VOIR CI-DESSOUS)

Déposer 1 feuille de laitue dans chaque tortilla. Ajouter 2 boulettes en morceaux et 1 c. à soupe de sauce chipotle par-dessus la laitue.

Déposer des lamelles d'avocat, des bâtonnets de poivron et 1 branche de coriandre sur la longueur, puis garnir d'une belle poignée de germinations de trèfle.

Arroser de crème fraîche avant de refermer. Servir accompagnés de salsa.

Manger frais.

---

1 TOMATE, EN BRUNOISE TRÈS FINE

40 G (1/4 TASSE) DE COURGETTE, EN BRUNOISE
TRÈS FINE

1 C. À SOUPE D'OIGNON ROUGE, CISELÉ FIN

2. C. À SOUPE DE CORIANDRE FRAÎCHE

JUS DE 1/4 DE CITRON OU DE 1/4 DE CITRON
VERT

1/2 C. À CAFÉ (1/2 C. À THÉ) D'HUILE D'OLIVE

1/2 C. À CAFÉ (1/2 C. À THÉ) DE SEL DE MER

1/8 C. À CAFÉ (1/8 C. À THÉ) DE PIMENT DE
CAYENNE MOULU OU QUELQUES TRÈS PETITS
CUBES DE JALAPEÑO

Salsa

PRÉPARATION 10 MINUTES
DONNE ENVIRON 250 ML (1 TASSE)

Mélanger tous les ingrédients ensemble.

Se conserve 1 semaine au réfrigérateur dans un contenant hermétique.

---

150 G (1 TASSE) DE NOIX DE CAJOU

80 ML (1/3 TASSE) DE JUS DE CITRON

1 C. À CAFÉ (1 C. À THÉ) DE SEL DE MER

Crème fraîche

TREMPAGE 4 HEURES
PRÉPARATION 10 MINUTES
DONNE ENVIRON 250 ML (1 TASSE)
USTENSILE MIXEUR

Faire tremper les noix de cajou pendant 4 heures, puis bien rincer. Jeter l'eau de trempage.

Broyer tous les ingrédients au mixeur jusqu'à l'obtention d'une sauce uniforme, crémeuse et lisse.

Pour obtenir une crème plus liquide, ajouter 2 c. à soupe d'eau.

Il est possible de réaliser cette recette sans faire tremper les noix ; dans ce cas, ajouter 60 ml (1/4 tasse) d'eau.

Se conserve 1 semaine au réfrigérateur dans un contenant hermétique.

Crêpes florentines

PRÉPARATION 10 MINUTES
PORTIONS 4

4 CRÊPES SALÉES (VOIR P. 117)

110 G (3/4 TASSE) DE FROMAGE DE NOIX DE CAJOU (VOIR P. 97)

2 BELLES POIGNÉES D'ÉPINARDS, COUPÉS EN LAMELLES

50 G (1/2 TASSE) DE TOMATES SÉCHÉES

8 FEUILLES DE BASILIC

LÉGUMES MARINÉS (VOIR CI-DESSOUS)

4 C. À SOUPE DE CRÈME FRAÎCHE (VOIR P. 177)

Tartiner les crêpes salées de fromage de noix de cajou. Garnir d'épinards et de tomates séchées. Ajouter le basilic et des légumes marinés (au goût).

Rouler les crêpes, puis déposer 1 c. à soupe de crème fraîche sur chacune d'elles.

125 ML (1/2 TASSE) DE CHAMPIGNONS TRANCHÉS

40 G (1/4 TASSE) D'OIGNON ROUGE, EN RONDELLES

80 G (1/2 TASSE) DE COURGETTE, EN JULIENNE

50 G (1/2 TASSE) DE BROCOLI, EN PETITS FLEURONS

70 G (1/2 TASSE) DE POIVRON ROUGE, EN JULIENNE

MARINADE

2 C. À SOUPE D'HUILE D'OLIVE

2 C. À SOUPE DE NAMA SHOYU

1 C. À SOUPE DE VINAIGRE DE CIDRE DE POMME

1/2 C. À CAFÉ (1/2 C. À THÉ) DE POIVRE NOIR MOULU

Légumes marinés

DONNE ENVIRON 250 ML (1 TASSE)

Dans un saladier, laisser dégorger les légumes dans la marinade pendant une quinzaine de minutes.

Facultatif : déshydrater les légumes à 40 °C (105 °F) pendant 1 heure.

Manger frais.

Crêpes botaniques

PRÉPARATION 10 MINUTES
PORTIONS 4

4 CRÊPES SALÉES (VOIR PAGE 117)

135 G (3/4 TASSE) DE PESTO DE PISTACHES AU BASILIC (VOIR P. 93)

2 TOMATES MOYENNES, TRANCHÉES EN 6 RONDELLES CHACUNE

2 BELLES POIGNÉES DE ROQUETTE

40 G (1/4 TASSE) DE CÂPRES

8 RONDELLES D'OIGNON ROUGE, TRANCHÉES TRÈS FINES

4 C. À SOUPE DE CRÈME FRAÎCHE (VOIR P. 177)

Tartiner les crêpes de pesto de pistaches au basilic. Garnir avec les tomates, la roquette, les câpres et l'oignon.

Rouler, puis déposer 1 c. à soupe de crème fraîche sur chaque crêpe.

Manger frais.

Spaghettis au pesto

PRÉPARATION 10 MINUTES
PORTIONS 4
USTENSILE MACHINE À COUPE SPIRALE

1 POMME

1,5 KG DE COURGETTE (ENVIRON 8 COURGETTES)

135 G (3/4 TASSE) DE PESTO DE PISTACHES AU BASILIC (VOIR P. 93)

2 C. À SOUPE DE JUS DE CITRON

2 C. À SOUPE D'HUILE D'OLIVE

6 BELLES POIGNÉES D'ÉPINARDS

250 ML (1 TASSE) DE CHAMPIGNONS MARINÉS (VOIR CI-DESSOUS)

30 G (1/4 TASSE) DE CRUMESAN (VOIR P. 161)

FACULTATIF

16 BOULETTES SIN CARNE (VOIR P. 110)

À l'aide d'une machine à coupe spirale ou d'une mandoline, couper la pomme et les courgettes en spaghettis.

Dans un saladier, mélanger les spaghettis, le pesto, le jus de citron et l'huile d'olive.

Déposer un lit d'épinards dans chaque assiette. Ajouter une montagne de spaghettis au pesto, les champignons marinés et les boulettes sin carne, si désiré. Saupoudrer de crumesan.

Manger frais.

---

100 G (2 TASSES) DE CHAMPIGNONS, TRANCHÉS

4 C. À CAFÉ (4 C. À THÉ) DE SEL DE MER

4 C. À CAFÉ (4 C. À THÉ) D'HUILE D'OLIVE

1 C. À CAFÉ (1 C. À THÉ) DE POIVRE NOIR MOULU

Champignons marinés

DONNE 1 TASSE

Dans un saladier, malaxer les champignons avec le sel, le poivre et l'huile pour bien les imprégner. Faire dégorger une quinzaine de minutes. Ils vont réduire de moitié.

Jeter l'eau qui se forme dans le fond du bol avant l'utilisation.

Manger frais.

Pad Thaï

PRÉPARATION 20 MINUTES
PORTIONS 4
USTENSILE MACHINE À COUPE SPIRALE OU MANDOLINE

1 PETITE TÊTE DE LAITUE, COUPÉE EN MORCEAUX

125 ML (1/2 TASSE) DE SAUCE PAD THAÏ (VOIR CI-DESSOUS)

75 G (1/2 TASSE) DE NOIX DE CAJOU, BROYÉES GROSSIÈREMENT

1/2 CITRON VERT, COUPÉ EN 4

FEUILLES DE CORIANDRE ENTIÈRES

MÉLANGE DE LÉGUMES

300 G DE COURGETTE, COUPÉE EN SPAGHETTIS À LA MACHINE À COUPE SPIRALE OU À LA MANDOLINE (ENVIRON 1 1/2 COURGETTE)

350 G DE DAIKON (RADIS BLANC GÉANT JAPONAIS), COUPÉ EN SPAGHETTIS (1 DAIKON MOYEN)

100 G (1 TASSE) DE CHOU ROUGE, RÂPÉ

30 G (1/4 TASSE) D'OIGNON VERT, HACHÉ

140 G (1 TASSE) DE POIVRON ROUGE, COUPÉ EN LANIÈRES

140 G (1 TASSE) DE POIVRON JAUNE, COUPÉ EN LANIÈRES

120 G (2 TASSES) DE GERMINATIONS DE TOURNESOL

30 G (1/2 TASSE) DE CORIANDRE FRAÎCHE (FEUILLES ET TIGES), BIEN TASSÉE

Dans un bol, réunir tous les ingrédients du mélange de légumes. Ajouter la sauce pad thaï et bien mélanger.

Déposer dans chaque assiette une montagne de ce mélange. Saupoudrer de noix de cajou broyées. Décorer d'un quartier de citron vert et de feuilles de coriandre entières.

Manger frais.

---

50 G (1/4 TASSE) DE PÂTE DE TAMARIN

60 ML (1/4 TASSE) DE NECTAR D'AGAVE

60 ML (1/4 TASSE) DE SAUCE TAMARI SANS BLÉ

2 C. À SOUPE DE FLOCONS DE PIMENT

1 C. À SOUPE DE PURÉE D'AIL (VOIR P. 25) OU 2 GOUSSES D'AIL

60 ML (1/4 TASSE) D'HUILE DE TOURNESOL

2 C. À SOUPE D'EAU

Sauce pad thaï

PRÉPARATION 5 MINUTES
DONNE 500 ML (2 TASSES)

Réduire tous les ingrédients au mixeur en une sauce épaisse.

Se conserve 2 semaines au réfrigérateur dans un contenant hermétique.

Brochette terriyaki

PRÉPARATION 20 MINUTES
MARINADE **1 À 8 HEURES**
DÉSHYDRATATION **45 MINUTES**
PORTIONS 4
USTENSILE DÉSHYDRATEUR

8 BAGUETTES À BROCHETTE EN BOIS

1 COURGETTE MOYENNE,
COUPÉE EN DEMI-LUNES

1 POIVRON ROUGE, COUPÉ EN CUBES

1 POIVRON JAUNE, COUPÉ EN CUBES

1 OIGNON ROUGE, COUPÉ EN 16 TRIANGLES

8 CHAMPIGNONS FROTTÉS, SANS LEURS
PIEDS

16 BOULETTES SIN CARNE (VOIR P. 110)

Sur chaque baguette en bois, embrocher en alternance, une demi-lune de courgette, un triangle d'oignon rouge, un carré de poivron rouge, une boulette sin carne, un champignon, une boulette sin carne, un carré de poivron jaune, un triangle d'oignon rouge et une demi-lune de courgette.

Badigeonner généreusement les brochettes de sauce terriyaki à l'aide d'un pinceau et laisser mariner au réfrigérateur pendant au moins 1 heure, idéalement 8 heures.

Mettre au déshydrateur à 40 °C (105 °F) pour 45 minutes.

Déguster tiède, de préférence.

Se conserve 5 jours au réfrigérateur dans un contenant hermétique.

---

125 ML (1/2 TASSE) DE SAUCE TAMARI SANS BLÉ

2 DATTES DÉNOYAUTÉES OU 2 C. À SOUPE
DE PÂTE DE DATTES (VOIR P. 25)

1 GOUSSE D'AIL OU 1 C. À CAFÉ (1 C. À THÉ) DE
PURÉE D'AIL (VOIR P. 25)

1 1/2 C. À SOUPE DE GINGEMBRE HACHÉ OU
1/2 C. À SOUPE DE JUS DE GINGEMBRE
(VOIR P. 25)

1/4 C. À CAFÉ (1/4 C. À THÉ) DE JUS
DE CITRON

1 C. À SOUPE DE JUS D'ORANGE

1/4 C. À CAFÉ (1/4 C. À THÉ) D'ESSENCE
D'ORANGE

1/4 C. À CAFÉ (1/4 C. À THÉ) D'HUILE
DE SÉSAME RÔTIE

1/8 C. À CAFÉ (1/8 C. À THÉ) DE PIMENT DE
CAYENNE MOULU

Sauce terriyaki à l'orange

PRÉPARATION 10 MINUTES
DONNE ENVIRON 190 ML (3/4 TASSE)
USTENSILE MIXEUR

Mettre tous les ingrédients au mixeur et mélanger jusqu'à l'obtention d'une sauce uniforme.

Se conserve 2 semaines au réfrigérateur dans un contenant hermétique.

Desserts

Biscuits au macadam

PRÉPARATION 15 MINUTES
DÉSHYDRATATION **ENVIRON 20 HEURES**
DONNE 35 BISCUITS
USTENSILES DÉSHYDRATEUR, MIXEUR

50 G (1/3 TASSE) DE GINGEMBRE, NON PELÉ, HACHÉ GROSSIÈREMENT

150 G (1 TASSE) DE SUCANAT

625 ML (2 1/2 TASSES) D'EAU

60 G (1/2 TASSE) DE GRAINES DE LIN MOULUES

325 G (3 TASSES) DE PULPE DE NOIX FRAÎCHE (LA PULPE QUI RESTE DANS LE FILTRE APRÈS AVOIR FAIT UN LAIT DE NOIX)

1 C. À CAFÉ (1 C. À THÉ) DE CANNELLE MOULUE

1/8 C. À CAFÉ (1/8 C. À THÉ) DE SEL DE MER

Au mixeur, broyer le gingembre, le sucanat et l'eau pour obtenir un mélange uniforme et lisse.

Ajouter les graines de lin moulues et mélanger de nouveau pour bien les incorporer.

Verser dans un bol et incorporer la pulpe de noix, la cannelle et le sel de mer. Mélanger jusqu'à l'obtention d'une pâte uniforme et collante.

Faire des boules en prenant, pour chacune, 2 c. à soupe de mélange. Les déposer sur une feuille Teflex et aplatir légèrement avec le dos d'une cuillère à soupe afin de former des biscuits d'environ 8 cm (3 po) de diamètre.

Déshydrater à 40 °C (105 °F) pendant 15 heures.

Retourner les biscuits et les déposer sur des grilles du déshydrateur. Déshydrater pendant 5 heures pour uniformiser le séchage. Les biscuits doivent être complètement secs et croquants.

Se conserve 2 semaines au réfrigérateur dans un contenant hermétique.

Coco macamaca

PRÉPARATION 15 MINUTES
DÉSHYDRATATION **ENVIRON 12 HEURES**
DONNE 30 BISCUITS
USTENSILES ROBOT CULINAIRE, DÉSHYDRATEUR

150 G (1 TASSE) DE NOIX DE MACADAMIA

400 G (1 1/2 TASSE) DE PÂTE DE DATTES (VOIR P. 25)

1/2 C. À SOUPE DE JUS DE GINGEMBRE (VOIR P. 25) OU 1/2 C. À SOUPE DE GINGEMBRE HACHÉ

2 C. À SOUPE D'HUILE DE TOURNESOL

185 G (2 TASSES) DE NOIX DE COCO RÂPÉE

115 G (1 TASSE) DE SARRASIN DÉSHYDRATÉ (VOIR P. 25)

185 G (1 1/3 TASSE) DE RAISINS DE CORINTHE, SECS

1 C. À SOUPE D'ESSENCE DE VANILLE SANS ALCOOL

1/4 C. À CAFÉ (1/4 C. À THÉ) DE SEL DE MER

1/2 C. À CAFÉ (1/2 C. À THÉ) DE POUDRE DE MACA

Hacher grossièrement les noix de macadamia en les passant quelques instants au robot culinaire.

Mélanger à la main les brisures de noix de macadamia et le reste des ingrédients jusqu'à l'obtention d'une pâte uniforme.

Former des biscuits de 35 g (1/4 tasse) de mélange et les déposer sur trois grilles de déshydrateur.

Déshydrater à 40 °C (105 °F) pendant environ 12 heures. Les biscuits doivent être secs, mais pas cassants, et encore légèrement humides à l'intérieur.

Se conserve 2 semaines au réfrigérateur dans un contenant hermétique.

Mousse au chocolat

PRÉPARATION 15 MINUTES
PORTIONS 8
USTENSILES MIXEUR, DÉSHYDRATEUR

75 G (1/3 TASSE) DE BEURRE
DE CACAO

50 G (1/4 TASSE) D'HUILE DE NOIX
DE COCO

270 G (3 TASSES) DE NOIX DE COCO RÂPÉE

1,125 LITRE (4 1/2 TASSES) D'EAU

180 G (1 1/2 TASSE) DE POUDRE DE CACAO

170 ML (2/3 TASSE) DE NECTAR D'AGAVE

2 C. À CAFÉ (2 C. À THÉ) D'ESSENCE DE
VANILLE SANS ALCOOL

Faire fondre le beurre de cacao et l'huile de noix de coco au déshy-drateur ou au bain-marie. Dans le bain-marie, remuer constamment pour que la température ne dépasse pas 40 °C (105 °F).

Pendant ce temps, préparer un lait avec 1,125 l (4 ½ tasses d'eau) et la noix de coco râpée (voir p. 22). Utiliser 875 ml (3 ½ tasses) du lait obtenu pour la mousse.

Passer ce lait de coco au mixeur avec la poudre de cacao, le nectar d'agave et l'essence de vanille jusqu'à l'obtention d'un lait lisse et homogène.

Incorporer l'huile de noix de coco et le beurre de cacao fondu en mélangeant à basse vitesse pendant quelques instants, pour ne pas que le chocolat se sépare.

Verser dans un contenant et laisser prendre au réfrigérateur pour environ 3 heures.

Se conserve 7 jours au réfrigérateur dans un contenant hermétique.

---

400 G (2 TASSES) DE FRAMBOISES
2 C. À SOUPE DE NECTAR D'AGAVE

Coulis de framboises

PRÉPARATION 5 MINUTES
DONNE 250 ML (1 TASSE)
USTENSILE MIXEUR

Mettre tous les ingrédients au mixeur et broyer plusieurs minutes pour faire disparaître tous les pépins de framboises.

Si on utilise des framboises congelées, non préalablement décongelées, ajouter de 60 à 190 ml (¼ à ¾ tasse) d'eau pour obtenir un coulis suffisamment liquide.

Se conserve 1 semaine au réfrigérateur dans un contenant hermétique.

Tarte choco-banane

PRÉPARATION 15 MINUTES
PORTIONS 10
USTENSILES ROBOT CULINAIRE, MIXEUR

1 RECETTE DE CROÛTE COCO-MACADAMIA
(VOIR CI-DESSOUS)

300 G (2 TASSES) DE NOIX DE CAJOU

230 G DE BANANES, RÉDUITES EN PURÉE
AU MIXEUR (2 BANANES MOYENNES)

250 ML (1 TASSE) D'EAU

125 ML (1/2 TASSE) DE NECTAR D'AGAVE

35 G (1/4 TASSE) DE CAROUBE

30 G (1/4 TASSE) DE POUDRE DE CACAO

1/4 C. À CAFÉ (1/4 C. À THÉ)
DE CANNELLE MOULUE

1/2 C. À CAFÉ (1/2 C. À THÉ)
D'ESSENCE DE VANILLE

60 ML (1/4 TASSE) D'HUILE
DE NOIX DE COCO, FONDUE

2 C. À SOUPE DE LÉCITHINE DE TOURNESOL
(OU DE LÉCITHINE DE SOYA)

DÉCORATION

10 RONDELLES DE BANANE FRAÎCHE OU
DÉSHYDRATÉE

2 C. À SOUPE D'ÉCLATS DE FÈVES DE CACAO

Étaler la croûte dans le fond et sur les bords d'un moule à tarte de 22 cm (9 po) de diamètre.

Au robot culinaire, réduire en poudre les noix de cajou.

Mettre cette poudre au mixeur et ajouter le reste des ingrédients, sauf l'huile de noix de coco et la lécithine. Mélanger jusqu'à l'obtention d'une pâte lisse et uniforme.

Pendant que le mixeur tourne, incorporer l'huile de noix de coco fondue et la lécithine de tournesol. Mélanger encore 30 secondes pour bien incorporer.

Verser rapidement dans la croûte, et placer au réfrigérateur pour environ 4 heures, le temps que la tarte fige.

Se conserve 10 jours au réfrigérateur, dans un contenant hermétique, ou 4 mois au congélateur.

---

75 G (1/2 TASSE) DE NOIX DE MACADAMIA

85 G (1 TASSE) DE NOIX DE COCO RÂPÉE

2 1/2 C. À SOUPE DE PÂTE DE DATTES
(VOIR P. 25) OU 3 DATTES DÉNOYAUTÉES
HACHÉES

1/4 C. À CAFÉ (1/4 C. À THÉ) DE SEL DE MER

1/2 C. À CAFÉ (1/2 C. À THÉ) D'ESSENCE
DE VANILLE SANS ALCOOL

Croûte coco-macadamia

PRÉPARATION 10 MINUTES
DONNE 1 CROÛTE
USTENSILE ROBOT CULINAIRE

Au robot culinaire, réduire les noix de macadamia en petits morceaux.

Ajouter le reste des ingrédients et mélanger jusqu'à l'obtention d'une croûte uniforme, avec laquelle il est possible de former une boule.

Se conserve 2 semaines au réfrigérateur dans un contenant hermétique.

Tarte limes des îles

PRÉPARATION 15 MINUTES
PORTIONS 12
USTENSILES MIXEUR, ROBOT CULINAIRE, CORNET À PÂTISSERIE

1 RECETTE DE CROÛTE COCO-MACADAMIA
(VOIR P. 192)

MOUSSE À L'AVOCAT

300 G DE CHAIR D'AVOCATS
(2 OU 3 AVOCATS)

190 ML (3/4 TASSE) DE JUS DE CITRON
OU DE CITRON VERT

110 G (1/2 TASSE) DE BEURRE
DE NOIX DE COCO

125 ML (1/2 TASSE) DE NECTAR D'AGAVE

1/2 C. À CAFÉ (1/2 C. À THÉ) D'ESSENCE
DE VANILLE SANS ALCOOL

GLAÇAGE

1 C. À SOUPE D'HUILE DE NOIX
DE COCO FONDUE

1 C. À SOUPE DE JUS DE CITRON
OU DE CITRON VERT

80 G (1/2 TASSE) DE NOIX DE MACADAMIA

2 C. À CAFÉ (2 C. À THÉ) DE NECTAR D'AGAVE

1/4 C. À CAFÉ (1/4 C. À THÉ) D'ESSENCE DE
VANILLE SANS ALCOOL

1/8 C. À CAFÉ (1/8 C. À THÉ) DE SEL DE MER

60 ML (1/4 TASSE) D'EAU

Étaler la croûte dans le fond et sur les bords d'un moule à tarte de 22 cm (9 po) de diamètre.

Au robot culinaire, réduire tous les ingrédients de la mousse à l'avocat en une crème uniforme et lisse.

Verser ce mélange sur la croûte et garder à température ambiante, le temps de préparer le glaçage.

Au mixeur, réduire tous les ingrédients du glaçage, sauf l'huile de noix de coco fondue, en une crème uniforme et lisse. Cela peut prendre plusieurs minutes. Au besoin, ajouter 1 ou 2 c. à soupe d'eau.

Incorporer l'huile de noix de coco fondue pendant que le mixeur tourne.

Verser ce glaçage dans un cornet à pâtisserie à embout fin.

Dessiner sur la tarte une spirale de glaçage en partant du centre vers les bords du moule. Avec une baguette chinoise, tracer dans le glaçage une douzaine de traits à intervalles réguliers, toujours du centre vers les bords. Le dessin final ressemble à une «toile d'araignée».

Se conserve 10 jours au réfrigérateur, dans un contenant hermétique, ou 4 mois au congélateur.

Tarte au sucre

PRÉPARATION 15 MINUTES
PORTIONS 12
USTENSILES ROBOT CULINAIRE, MIXEUR

1 RECETTE DE CROÛTE COCO-PACANES (VOIR CI-DESSOUS)

420 G (3 TASSES) DE NOIX DU BRÉSIL

195 G (3/4 TASSE) DE PÂTE DE DATTES (VOIR P. 25)

3. À SOUPE DE SIROP D'ÉRABLE

1 C. À CAFÉ (1 C. À THÉ) D'ESSENCE DE VANILLE SANS ALCOOL

1/8 C. À CAFÉ (1/8 C. À THÉ) DE SEL DE MER

80 ML (1/3 TASSE) D'HUILE DE NOIX DE COCO FONDUE

Étaler la croûte dans le fond et sur les bords d'un moule à tarte de 22 cm (9 po) de diamètre, à fond amovible de préférence.

Au robot culinaire, réduire les noix du Brésil en un beurre le plus liquide et crémeux possible. Cela peut prendre plusieurs minutes.

Verser dans le mixeur. Ajouter la pâte de dattes, le sirop d'érable, l'essence de vanille et le sel. Réduire en une pâte uniforme et lisse.

Incorporer l'huile de noix de coco fondue pendant que le mixeur tourne. Laisser tourner jusqu'à l'obtention d'un mélange crémeux et uniforme.

Vider le mélange sur la croûte et placer au réfrigérateur environ 3 heures, le temps que la tarte fige.

Se conserve 10 jours au réfrigérateur, dans un contenant hermétique, ou 4 mois au congélateur.

---

165 G (1 1/2 TASSE) DE PACANES

85 G (1 TASSE) DE NOIX DE COCO RÂPÉE

3 C. À SOUPE DE PÂTE DE DATTES (VOIR P. 25) OU 3 DATTES DÉNOYAUTÉES HACHÉES

1/4 C. À CAFÉ (1/4 C. À THÉ) DE GINGEMBRE MOULU

1 C. À CAFÉ (1 C. À THÉ) DE CANNELLE MOULUE

1/4 C. À CAFÉ (1/4 C. À THÉ) DE CARDAMOME MOULUE

1/4 C. À CAFÉ (1/4 C. À THÉ) DE CLOU DE GIROFLE MOULU

1/4 C. À CAFÉ (1/4 C. À THÉ) DE NOIX DE MUSCADE MOULUE

1/8 C. À CAFÉ (1/8 C. À THÉ) DE SEL DE MER

Croûte coco-pacanes

PRÉPARATION 10 MINUTES
DONNE 1 CROÛTE
USTENSILE ROBOT CULINAIRE

Au robot culinaire, réduire les pacanes en poudre.

Ajouter le reste des ingrédients et broyer jusqu'à l'obtention d'une croûte uniforme, avec laquelle il est possible de former une boule. Au besoin, ajouter jusqu'à 1 datte ou 1 c. à soupe de pâte de dattes.

Se conserve 2 semaines au réfrigérateur, dans un contenant hermétique.

🍓 Tarte aux fruits de saison

PRÉPARATION 15 MINUTES
PORTIONS 12
USTENSILES MIXEUR, CASSEROLE

1 RECETTE DE CROÛTE CROQUANTE
(VOIR CI-DESSOUS)

60 ML (1/4 TASSE) D'HUILE DE NOIX
DE COCO FONDUE

3 C. À SOUPE DE JUS DE CITRON

ZESTE DE 2 CITRONS

250 ML (1 TASSE) D'EAU

120 G (3/4 TASSE) DE NOIX DE CAJOU

1 C. À CAFÉ (1 C. À THÉ) D'ESSENCE
DE VANILLE SANS ALCOOL

1/8 C. À CAFÉ (1/8 C. À THÉ) DE SEL DE MER

1/2 C. À SOUPE DE LÉCITHINE DE SOYA

60 ML (1/4 TASSE) DE NECTAR D'AGAVE

MÉLANGE EAU/AGAR-AGAR

3/4 C. À CAFÉ (3/4 C. À THÉ) D'AGAR-AGAR

125 ML (1/2 TASSE) D'EAU

FRUITS FRAIS DE SAISON

Étaler la croûte dans le fond et sur les bords d'un moule à tarte de 22 cm (9 po) de diamètre, à fond amovible de préférence.

Mettre tous les ingrédients au mixeur, sauf l'huile de coco et le mélange eau/agar-agar. Réduire en un liquide uniforme et lisse, puis incorporer l'huile de coco pendant que le mixeur tourne.

Mettre l'eau et l'agar-agar dans une casserole et porter à ébullition. Une à deux minutes après ébullition, le mélange eau et agar-agar doit avoir une texture un peu collante et une couleur blanchâtre. Bien mélanger, puis intégrer ce liquide au mixeur pendant qu'il tourne. Incorporer en mélangeant très brièvement (environ 10 secondes).

Verser rapidement dans le moule et mettre au réfrigérateur pour environ 3 heures, le temps que la tarte fige.

Conserver cette base de tarte telle quelle et garnir de fruits frais de saison au moment de servir.

Se conserve 10 jours au réfrigérateur, dans un contenant hermétique, ou 4 mois au congélateur.

---

100 G (1 TASSE) DE NOIX DE GRENOBLE

50 G (1/2 TASSE) DE SARRASIN GERMÉ
DÉSHYDRATÉ (VOIR P. 25)

25 G (1/4 TASSE) DE NOIX DE COCO RÂPÉE

35 G (1/4 TASSE) DE SUCANAT

1/8 C. À CAFÉ (1/8 C. À THÉ) DE SEL DE MER

4 DATTES ENTIÈRES DÉNOYAUTÉES

1 C. À SOUPE DE PÂTE DE DATTES (VOIR P. 25)

35 G (1/4 TASSE) DE RAISINS SULTANA, SECS

1/2 C. À CAFÉ (1/2 C. À THÉ) D'ESSENCE DE
VANILLE SANS ALCOOL

Croûte croquante

PRÉPARATION 5 MINUTES
DONNE 1 CROÛTE
USTENSILE ROBOT CULINAIRE

Au robot culinaire, réduire en farine fine les noix de Grenoble, le sarrasin germé déshydraté, la noix de coco râpée, le sucanat et le sel.

Ajouter le reste des ingrédients et mélanger jusqu'à l'obtention d'une pâte collante. Au besoin, ajouter jusqu'à 1 c. à café (1 c. à thé) de pâte de dattes.

Se conserve 2 semaines au réfrigérateur dans un contenant hermétique.

Gâteau faux-mage

TREMPAGE **4 HEURES**
PRÉPARATION 20 MINUTES
PORTIONS 18
USTENSILES ROBOT CULINAIRE, MIXEUR

1 RECETTE DE CROÛTE AUX FIGUES ÉPICÉES
(VOIR CI-DESSOUS)

200 G (1 ⅓ TASSE) DE NOIX
DE CAJOU

3 C. À SOUPE JUS DE CITRON

330 ML (1 ⅓ TASSE) D'HUILE DE NOIX COCO
FONDUE

650 G (2 ½ TASSES) DE FROMAGE DE NOIX
DE CAJOU (VOIR P. 97)

250 ML (1 TASSE) DE NECTAR D'AGAVE

1 ½ C. À CAFÉ (1 ½ C. À THÉ) D'ESSENCE DE
VANILLE SANS ALCOOL

⅛ C. À CAFÉ (⅛ C. À THÉ) DE SEL DE MER

2 C. À CAFÉ (2 C. À THÉ)
D'ESSENCE D'AMANDE

60 G (¼ TASSE) DE LÉCITHINE DE
TOURNESOL (OU DE LÉCITHINE DE SOYA)

COULIS AUX BLEUETS

300 G (2 TASSES) DE BLEUETS

2 C. À SOUPE DE NECTAR D'AGAVE

2 C. À SOUPE D'EAU

2 C. À SOUPE D'HUILE DE NOIX DE COCO
FONDUE

Faire tremper les noix de cajou pendant 4 heures, puis bien rincer. Jeter l'eau de trempage.

Étaler la croûte dans le fond d'un moule à charnière de 25 cm (10 po) de diamètre.

Au robot culinaire, réduire en poudre les noix de cajou.

Au mixeur, broyer la poudre de noix de cajou avec le jus de citron et l'huile de noix de coco fondue jusqu'à l'obtention d'une crème lisse.

Ajouter le reste des ingrédients et mélanger en une pâte uniforme et onctueuse. Verser ce mélange dans le moule.

Nettoyer les bords du moule et garder à température ambiante le temps de préparer le coulis.

Au mixeur, réduire les bleuets, l'eau et le nectar d'agave en un coulis liquide. Cela peut prendre plusieurs minutes si les bleuets sont congelés. Au besoin, ajouter de 60 à 125 ml (de ¼ à ½ tasse) d'eau.

Incorporer l'huile de noix de coco fondue pendant que le mixeur tourne et mélanger encore quelques instants pour uniformiser le tout.

Verser la moitié du coulis sur le dessus et marbrer avec une cuillère. Mettre au réfrigérateur pour environ 2 à 3 heures afin de laisser durcir. Verser le coulis restant dans un contenant et utiliser pour napper le gâteau au moment de servir.

Se conserve 10 jours au réfrigérateur, dans un contenant hermétique, ou 4 mois au congélateur.

110 G (3/4 TASSE) DE NOIX DU BRÉSIL

150 G (1 TASSE) DE FIGUES SÉCHÉES,
COUPÉES EN DÉS

¼ C. À CAFÉ (¼ C. À THÉ) DE NOIX
DE MUSCADE MOULUE

¼ C. À CAFÉ (¼ C. À THÉ) DE CANNELLE
MOULUE

⅛ C. À CAFÉ (⅛ C. À THÉ) DE SEL DE MER

Croûte aux figues épicées

PRÉPARATION 5 MINUTES
DONNE 1 CROÛTE
USTENSILE ROBOT CULINAIRE

Broyer tous les ingrédients au robot culinaire jusqu'à l'obtention d'une croûte granuleuse.

Se conserve 2 semaines au réfrigérateur dans un contenant hermétique.

Gâteau aux carottes

PRÉPARATION 40 MINUTES
PORTIONS 18
USTENSILES ROBOT CULINAIRE, MIXEUR

GÂTEAU

400 G (3 ½ TASSES) D'AMANDES MOULUES

1,1 KG DE CAROTTE, RÉDUITE EN PURÉE
AU MIXEUR OU AU ROBOT CULINAIRE
(ENVIRON 13 CAROTTES)

545 G (2 TASSES) DE PÂTE DE DATTES
(VOIR P. 25)

ZESTE DE 1 ORANGE

ZESTE DE 1 CITRON

125 G (1 TASSE) DE BEURRE
DE NOIX DE COCO

1 C. À CAFÉ (1 C. À THÉ) D'ESSENCE DE
VANILLE SANS ALCOOL

2 C. À SOUPE DE CANNELLE MOULUE

½ C. À CAFÉ (½ C. À THÉ) DE CLOU
DE GIROFLE

½ C. À CAFÉ (½ C. À THÉ) DE GINGEMBRE
MOULU

½ C. À CAFÉ (½ C. À THÉ) DE SEL DE MER

100 G (1 TASSE) DE NOIX DE GRENOBLE,
HACHÉES AU COUTEAU

140 G (1 TASSE) DE RAISINS
DE CORINTHE, SECS

GLAÇAGE

2 C. À SOUPE DE BEURRE DE NOIX DE COCO

140 G (1 TASSE) DE NOIX DU BRÉSIL

ZESTE ET JUS DE ½ CITRON

JUS DE 1 ORANGE

150 G (1 TASSE) DE NOIX DE CAJOU

60 ML (¼ TASSE) DE NECTAR D'AGAVE

1 C. À CAFÉ (1 C. À THÉ) D'ESSENCE
DE VANILLE SANS ALCOOL

1 C. À SOUPE DE LÉCITHINE DE TOURNESOL
(OU DE LÉCITHINE DE SOYA)

60 ML (¼ TASSE) D'EAU

Au robot culinaire, broyer tous les ingrédients du gâteau, sauf les raisins secs et les noix de Grenoble, en une pâte uniforme. Procéder en deux ou trois fois, selon la capacité du robot.

À la main, incorporer les raisins et les noix de Grenoble.

Répartir cette pâte dans 2 grands moules à charnière de 25 cm (10 po) de diamètre.

Placer au congélateur le temps de préparer le glaçage.

Mettre tous les ingrédients du glaçage au mixeur et réduire en une crème uniforme et lisse.

Répartir le glaçage sur le dessus des 2 gâteaux et laisser prendre au réfrigérateur (environ 2 heures).

Quand les gâteaux ont durci, les empiler l'un par-dessus l'autre (gâteau, glaçage, gâteau, glaçage) pour faire un gâteau à deux étages.

Il suffit de diviser par deux cette recette pour faire un gâteau à 1 étage de 9 portions.

Se conserve 10 jours au réfrigérateur, dans un contenant hermétique, ou 4 mois au congélateur.

Gâteau noir désir

PRÉPARATION 25 MINUTES
PORTIONS 9
USTENSILES ROBOT CULINAIRE, MIXEUR

1 RECETTE DE CROÛTE NOIR DÉSIR
(VOIR CI-DESSOUS)

MOUSSE

250 ML (1 TASSE) D'EAU

60 G (3/4 TASSE) DE NOIX DE COCO RÂPÉE

90 G (1 TASSE) DE NOISETTES MOULUES

150 G (1 TASSE) DE NOIX DE CAJOU

50 G (1/2 TASSE) DE NOIX DE GRENOBLE

130 G (1/2 TASSE) DE PÂTE DE DATTES (VOIR P. 25)

50 G (1/4 TASSE) DE BEURRE DE NOIX DE COCO

40 G (1/3 TASSE) DE POUDRE DE CACAO

3 C. À SOUPE DE NECTAR D'AGAVE

1/8 C. À CAFÉ (1/8 C. À THÉ) DE SEL DE MER

1/2 C. À CAFÉ (1/2 C. À THÉ) D'ESSENCE
DE VANILLE

2 C. À SOUPE D'ÉCLATS DE FÈVES DE CACAO

125 ML (1/2 TASSE) D'HUILE DE NOIX
DE COCO FONDUE

GANACHE

2 C. À SOUPE D'HUILE DE NOIX DE COCO
FONDUE

1/4 C. À CAFÉ (1/4 C. À THÉ) DE JUS DE CITRON

45 G (1/2 TASSE) DE NOIX DE COCO RÂPÉE

60 ML (1/4 TASSE) DE NECTAR D'AGAVE

2 C. À SOUPE DE LÉCITHINE DE TOURNESOL
(OU DE LÉCITHINE DE SOYA)

60 G (1/2 TASSE) DE POUDRE DE CACAO

60 ML (1/4 TASSE) D'EAU

Étaler la croûte dans un petit moule à charnière de 22 cm (9 po) de diamètre.

Mousse
Faire un lait avec la noix de coco râpée et l'eau (voir p. 22). On utilise 125 ml (½ tasse) du lait obtenu dans la recette.

Mettre ce lait au robot culinaire ainsi que le reste des ingrédients, sauf les éclats de fèves de cacao et l'huile de noix de coco. Réduire en une pâte uniforme et lisse. Ajouter l'huile de noix de coco et continuer à mélanger pour l'incorporer.

Ajouter enfin les éclats de fèves de cacao au robot culinaire et mélanger pendant quelques secondes pour les incorporer tout en les conservant entières.

Étaler cette mousse sur la croûte. Bien nettoyer les bords du moule pour ne pas tacher la ganache.

Ganache
Mettre tous les ingrédients, sauf la poudre de cacao, au mixeur. Broyer en une pâte uniforme.

Ajouter la poudre de cacao et mélanger pour bien l'incorporer.

Répartir la ganache dans le moule. Mettre au réfrigérateur environ 3 heures pour laisser durcir.

Décoration : napper de glaçage au chocolat (voir p. 218).

Se conserve 10 jours au réfrigérateur, dans un contenant hermétique ou 4 mois au congélateur.

40 G (1/4 TASSE) DE NOISETTES

40 G (1/4 TASSE) DE NOIX DU BRÉSIL

1 C. À SOUPE DE PÂTE DE DATTES (VOIR P. 25)

3 C. À SOUPE DE NOIX DE COCO RÂPÉE

1/8 C. À CAFÉ (1/8 C. À THÉ) DE SEL DE MER

1 C. À SOUPE D'ÉCLATS DE FÈVES DE CACAO

Croûte noir désir

PRÉPARATION 5 MINUTES
DONNE 1 CROÛTE
USTENSILE ROBOT CULINAIRE

Mettre tous les ingrédients, sauf les éclats de fèves de cacao, au robot culinaire. Broyer quelques instants afin d'obtenir une croûte croquante, mais uniforme. Il est important de ne pas trop broyer afin de ne pas réduire les noix du Brésil en beurre.

Ajouter les éclats de fèves de cacao au robot culinaire et mélanger pendant quelques secondes pour les incorporer tout en les conservant entières.

Se conserve 2 semaines au réfrigérateur dans un contenant hermétique.

Tiramisu

TREMPAGE 8 HEURES + 4 HEURES
PRÉPARATION 50 MINUTES
PORTIONS 10
USTENSILE MIXEUR

LA VEILLE

75 G (1/2 TASSE) DE NOIX DE CAJOU

80 G (1/2 TASSE) D'AMANDES

1 C. À CAFÉ (1 C. À THÉ) DE CAFÉ ESPRESSO EN GRAINS, MOULU TRÈS FIN

GÂTEAU

135 G (1 1/4 TASSE) D'AMANDES, MOULUES

100 G (1/3 TASSE) DE PÂTE DE DATTES (VOIR P. 25)

1 C. À CAFÉ (1 C. À THÉ) D'ESSENCE DE VANILLE SANS ALCOOL

1/8 C. À CAFÉ (1/8 C. À THÉ) DE SEL DE MER

2 C. À SOUPE D'HUILE DE NOIX DE COCO FONDUE

MOKA

30 G (1 1/2 C. À SOUPE) DE PÂTE DE DATTES (VOIR P. 25)

2 C. À SOUPE DE NECTAR D'AGAVE

10 G (1 1/2 C. À SOUPE) DE POUDRE DE CACAO

2 1/4 C. À CAFÉ (2 1/4 C. À THÉ) D'ESSENCE DE VANILLE SANS ALCOOL

1/8 C. À CAFÉ (1/8 C. À THÉ) DE SEL DE MER

2 C. À SOUPE D'HUILE DE NOIX DE COCO FONDUE

1 1/2 C. À CAFÉ (1 1/2 C. À THÉ) DE LÉCITHINE DE SOYA

2 C. À SOUPE D'EAU

3/4 C. À CAFÉ (3/4 C. À THÉ) D'AGAR-AGAR

GLAÇAGE

75 G (1/2 TASSE) DE NOIX DE CAJOU

3 C. À SOUPE D'HUILE DE NOIX DE COCO FONDUE

125 ML (1/2 TASSE) D'EAU

2 C. À SOUPE DE NECTAR D'AGAVE

1/2 C. À CAFÉ (1/2 C. À THÉ) D'ESSENCE DE VANILLE SANS ALCOOL

1/8 C. À CAFÉ (1/8 C. À THÉ) DE SEL DE MER

2 1/4 C. À CAFÉ (2 1/4 C. À THÉ) DE LÉCITHINE DE SOYA

La veille

Dans deux contenants séparés, mettre à tremper pour 8 heures les noix de cajou et les amandes. Dans un troisième contenant, infuser l'espesso moulu dans 60 ml (1/4 tasse) d'eau pendant 8 heures.

Le jour même

Faire tremper les noix de cajou du glaçage pendant 4 heures.

Bien rincer les noix de cajou et les amandes qui trempent depuis la veille. Jeter l'eau de trempage. Filtrer le café, garder l'infusion et jeter la poudre. Réserver.

Faire un lait avec les amandes trempées et 500 ml (2 tasses) d'eau (voir p. 28).

Gâteau

Dans un bol, mélanger tous les ingrédients du gâteau et 2 c. à soupe du lait d'amandes jusqu'à l'obtention d'une pâte uniforme.

Étaler ce mélange dans un petit moule de 20 cm (8 po) de diamètre. Mettre au congélateur et laisser prendre le temps de préparer le moka.

Moka

Mettre au mixeur tous les ingrédients du moka, sauf l'eau et l'agar-agar. Ajouter l'infusion de café et 125 ml (1/2 tasse) du lait d'amandes. Mélanger en un liquide homogène.

Mettre l'eau et l'agar-agar dans une casserole et porter à ébullition en remuant souvent. Pendant ce temps, sortir le gâteau du congélateur. Deux minutes après l'ébullition, mettre le mélange eau/agar-agar au mixeur et laisser tourner quelques secondes.

Verser sans attendre le moka sur le gâteau. Remettre au congélateur pour laisser prendre.

Glaçage

Rincer les noix de cajou qui ont trempé pendant 4 heures et jeter l'eau de trempage.

Mettre tous les ingrédients du glaçage au mixeur. Ajouter 250 ml (1 tasse) de lait d'amandes et mélanger jusqu'à l'obtention d'un liquide uniforme et crémeux.

Sortir le gâteau du congélateur et s'assurer que le moka s'est solidifié avant de verser le glaçage sur le gâteau. Remettre le tout au congélateur et laisser prendre pendant environ 2 heures.

Au moment de servir, saupoudrer de poudre de cacao.

Se conserve 10 jours au réfrigérateur, dans un contenant hermétique, ou 4 mois au congélateur.

Carré aux dattes

PRÉPARATION 15 MINUTES
PORTIONS 8
USTENSILE ROBOT CULINAIRE

1 RECETTE DE CROÛTE POUR CARRÉ
AUX DATTES (VOIR CI-DESSOUS)

250 G (1 2/3 TASSE) DE DATTES ENTIÈRES
SÈCHES, DÉNOYAUTÉES

100 G (2/3 TASSE) DE FIGUES SÈCHES,
ÉQUEUTÉES

130 G (1/2 TASSE) DE PÂTE DE DATTES
(VOIR P. 25)

1/2 C. À SOUPE DE ZESTE D'ORANGE

1 C. À CAFÉ (1 C. À THÉ) D'ESSENCE DE
VANILLE SANS ALCOOL

1/8 C. À CAFÉ (1/8 C. À THÉ) DE SEL DE MER

2 C. À SOUPE DE NECTAR D'AGAVE

Étaler les deux tiers de la croûte dans un petit moule à gâteau de 15 à 20 cm (6 à 8 po) de diamètre. Réserver le reste.

Hacher grossièrement au couteau les dattes, les figues et le zeste d'orange. Déposer dans un bol. Ajouter le reste des ingrédients et incorporer à la main.

Étaler ce mélange dans le moule, puis déposer la croûte restante sur le carré.

Se conserve 10 jours au réfrigérateur, dans un contenant hermétique, ou 4 mois au congélateur.

40 G (1/4 TASSE) DE NOIX DE MACADAMIA

90 G (2/3 TASSE) DE NOIX DU BRÉSIL

135 G (1 1/2 TASSE) DE NOIX DE COCO RÂPÉE

4 DATTES DÉNOYAUTÉES OU 65 G (1/4 TASSE)
DE PÂTE DE DATTES (VOIR P. 25)

1/4 C. À CAFÉ (1/4 C. À THÉ)
DE SEL DE MER

1/2 C. À CAFÉ (1/2 C. À THÉ) D'ESSENCE
DE VANILLE SANS ALCOOL

Croûte pour carré aux dattes

PRÉPARATION 5 MINUTES
DONNE 1 CROÛTE
USTENSILE ROBOT CULINAIRE

Au robot culinaire, réduire les noix de macadamia et les noix du Brésil en petits morceaux.

Ajouter le reste des ingrédients et mélanger jusqu'à l'obtention d'une croûte uniforme avec laquelle il est possible de former une boule.

Se conserve 2 semaines au réfrigérateur dans un contenant hermétique.

Chocolat noir

PRÉPARATION 15 MINUTES
DONNE ENVIRON 35 PETITS CHOCOLATS (SELON LES MOULES)
USTENSILES ROBOT CULINAIRE, CUISINIÈRE OU DÉSHYDRATEUR,
MOULES À CHOCOLAT

60 ML (1/4 TASSE) D'HUILE DE NOIX DE COCO

90 G (1/2 TASSE) DE BEURRE DE CACAO

60 ML (1/4 TASSE) DE NECTAR D'AGAVE

1/2 C. À CAFÉ (1/2 C. À THÉ) D'ESSENCE
DE VANILLE SANS ALCOOL

1/8 C. À CAFÉ (1/8 C. À THÉ) DE SEL DE MER

120 G (1 TASSE) DE POUDRE
DE CACAO, BIEN TASSÉE

Faire fondre l'huile de noix de coco et le beurre de cacao au déshydrateur ou au bain-marie. Dans le bain-marie, remuer constamment pour que la température ne dépasse pas 40 °C (105 °F).

Mettre le beurre de cacao fondu au robot culinaire, ajouter les autres ingrédients, sauf la poudre de cacao, et mélanger jusqu'à l'obtention d'un mélange uniforme.

Ajouter la moitié du cacao en poudre et mélanger par à-coups pour éviter la formation de caillots de poudre de cacao (pas assez mélangé), mais pour éviter également que le chocolat s'agglutine (trop mélangé).

Ajouter la poudre de cacao restante et mélanger quelques instants pour obtenir une texture soyeuse.

Couler le mélange dans des moules et placer au réfrigérateur pour 2 heures.

Pour varier les plaisirs, déposer une pacane, une baie de goji, un zeste de citron dans chaque trou des moules.

Se conserve 2 semaines au réfrigérateur, dans un contenant hermétique, ou 4 mois au congélateur.

LE CHOCOLAT

Bonne nouvelle, le cacao déborde de nutriments!

Nommé *théobroma (l'aliment des dieux)* par les Aztèques, le cacao est extrêmement riche en antioxydants et possède plus de magnésium que toutes les fèves confondues. Le cacao cru a une place de choix dans nos cuisines!

L'un des produits de consommation les plus populaires sur la planète, le cacao a le pouvoir d'envoûter les plus gourmands jusqu'aux chercheurs du domaine de la santé. À vrai dire, il semblerait que personne ne puisse résister au chocolat!

En approfondissant le sujet, nous découvrons que le cacao est l'une des substances alimentaires des plus chimiquement complexes. Des composés chimiques comme des polyphénols, des substances psycho-actives, comme la sérotonine, des antioxydants, comme la catéchine, du calcium... le chocolat a tout d'une drogue euphorisante. Consommé avec modération, il participera au bon maintien de tout l'organisme, spécialement du cœur. Il aidera aussi à apaiser les crampes musculaires ou menstruelles. Ce n'est pas pour rien que les femmes désirent instinctivement davantage de chocolat à ce moment du cycle.

Nougat noir

PRÉPARATION 10 MINUTES
DONNE 15 NOUGATS
USTENSILES MIXEUR, CUISINIÈRE OU DÉSHYDRATEUR

1 C. À SOUPE D'HUILE DE NOIX DE COCO FONDUE

1 C. À SOUPE DE LÉCITHINE DE TOURNESOL

1/4 C. À CAFÉ (1/4 C. À THÉ) DE JUS DE CITRON

60 ML (1/4 TASSE) DE NECTAR D'AGAVE

60 ML (1/4 TASSE) D'EAU

1/8 C. À CAFÉ (1/8 C. À THÉ) DE SEL DE MER

60 G (1/2 TASSE) DE POUDRE DE CACAO

POUR LES NOUGATS ENROBÉS DE MATCHA
2 C À SOUPE DE MATCHA

POUR LES NOUGATS ENROBÉS
DE NOIX DE COCO
3 C. À SOUPE DE NOIX DE COCO RÂPÉE

POUR LES BOULES DE L'AMBASSADEUR
100 G (2/3 TASSE) DE NOISETTES, RÉDUITES
EN MIETTES AU ROBOT CULINAIRE

1/2 RECETTE DE CHOCOLAT NOIR,
FONDU (VOIR 211)

Mettre tous les ingrédients, sauf la poudre de cacao, au mixeur et réduire en un liquide uniforme. Ajouter la poudre de cacao pendant que le mixeur tourne et laisser tourner pour l'incorporer.

Couler le mélange dans un plat rectangulaire sur une épaisseur de 2 cm (¾ po). Mettre au congélateur et laisser prendre pendant 3 heures.

Découper en 15 cubes et placer dans un contenant. Mettre au réfrigérateur.

Déguster les nougats fondants tels quels, enrobés de thé matcha ou de noix de coco, ou encore à la façon «ambassadeur».

Nougats enrobés
Répartir le thé matcha, ou la noix de coco râpée, dans une assiette. Y rouler les nougats jusqu'à ce qu'ils soient complètement enrobés.

Boules de l'ambassadeur
Répartir les miettes de noisettes dans une assiette. Y rouler les nougats jusqu'à ce qu'ils soient complètement enrobés.

Verser le chocolat noir fondu dans un bol. À l'aide d'une fourchette, y plonger les boules de nougat enrobées. Les déposer sur un papier parchemin.

Mettre au réfrigérateur environ 1 heure pour laisser prendre.

Se conserve 2 semaines au réfrigérateur, dans un contenant hermétique, ou 2 mois au congélateur.

Crème glacée à la vanille

TREMPAGE 8 HEURES
PRÉPARATION 20 MINUTES
BARATTAGE ET CONGÉLATION SELON LA SORBETIÈRE
DONNE 1 LITRE (4 TASSES)
USTENSILES MIXEUR ET SORBETIÈRE

100 G (2/3 TASSE) D'AMANDES

150 G (1 TASSE) DE NOIX DE CAJOU

440 ML (1 3/4 TASSE) D'EAU

1 C. À SOUPE DE LÉCITHINE DE SOYA

60 ML (1/4 TASSE) DE NECTAR D'AGAVE

2 C. À SOUPE D'ESSENCE DE VANILLE SANS ALCOOL

1/4 + 1/8 C. À CAFÉ (1/4 + 1/8 C. À THÉ) DE SEL DE MER

Faire tremper les amandes et les noix de cajou pendant 8 heures, puis bien rincer. Jeter l'eau de trempage.

Faire un lait avec les amandes trempées et l'eau (voir p. 28). (Doit donner 1 ½ tasse de lait d'amandes.)

Mettre le lait obtenu et le reste des ingrédients au mixeur. Réduire en un liquide crémeux.

Placer dans la sorbetière et lancer le cycle.

Quand la glace est prête, vider dans un contenant et placer au congélateur. Les bonnes sorbetières barattent et congèlent la crème en même temps ; il suffira de 30 minutes au congélateur pour consolider la texture. Si la sorbetière ne fait que baratter, il faudra laisser la crème reposer au congélateur plusieurs heures avant qu'elle ait atteint sa texture finale.

Se conserve 3 mois au congélateur.

Crème molle à la banane

PRÉPARATION 10 MINUTES
DONNE 1 LITRE (4 TASSES)
USTENSILE MIXEUR OU EXTRACTEUR À JUS

4 BANANES ÉPLUCHÉES, CONGELÉES

140 G (1 TASSE) DE FRAMBOISES CONGELÉES

2 C. À SOUPE DE NECTAR D'AGAVE

1/8 C. À CAFÉ (1/8 C. À THÉ) DE SEL DE ROSE DE L'HIMALAYA

Passer les fruits congelés à l'extracteur à jus ou au mixeur pour les réduire en crème.

Déposer dans un bol la crème obtenue, puis incorporer le nectar d'agave et le sel.

Déguster tout de suite. Ne pas recongeler, car la crème se cristalliserait.

Zouzou goji abricot coco

TREMPAGE AU MOINS 15 MINUTES
PRÉPARATION 20 MINUTES
DONNE 20 BOULES D'ÉNERGIE
USTENSILE ROBOT CULINAIRE

50 G (1/4 TASSE) D'ABRICOTS SECS, EN MORCEAUX

80 ML (1/3 TASSE) D'EAU

180 G (2 TASSES) DE NOIX DE COCO RÂPÉE

75 G (1/2 TASSE) D'AMANDES

75 G (1/2 TASSE) DE RAISINS SULTANA SECS

25 G (1/4 TASSE) DE BAIES DE GOJI, BIEN TASSÉES

1 C. À CAFÉ (1 C. À THÉ) D'ESSENCE D'AMANDE

1/2 C. À CAFÉ (1/2 C. À THÉ) DE CARDAMOME MOULUE

1 C. À CAFÉ (1 C. À THÉ) D'ESSENCE D'ORANGE

1/8 C. À CAFÉ (1/8 C. À THÉ) DE SEL DE MER

3 C. À SOUPE DE GRAINES DE CHIA

65 G (1/4 TASSE) DE PÂTE DE DATTES (VOIR P. 25)

Faire tremper les abricots secs dans 80 ml (⅓ tasse) d'eau pour au moins 15 minutes.

Mettre tous les ingrédients au robot culinaire, sauf les abricots, les graines de chia et la pâte de dattes. Broyer jusqu'à l'obtention d'un mélange collant. Cela peut prendre plusieurs minutes. Réserver.

Au robot culinaire, réduire les abricots et leur eau de trempage en une purée uniforme.

Verser tous les mélanges obtenus dans un bol et ajouter les graines de chia et la pâte de dattes. Bien mélanger le tout pour obtenir une pâte uniforme et malléable.

Avec une cuillère à glace ou une cuillère à melon, former des boules de 2,5 cm (1 po) de diamètre. Les rouler entre les paumes de la main pour faire de belles boules d'énergie bien rondes.

Se conserve 1 mois au réfrigérateur, dans un contenant hermétique, ou 4 mois au congélateur.

Macarons au cacao

PRÉPARATION 20 MINUTES
DONNE 20 MACARONS
USTENSILE ROBOT CULINAIRE

70 G (1/2 TASSE) DE NOIX DU BRÉSIL

180 G (2 TASSES) DE NOIX DE COCO RÂPÉE

130 G (1/2 TASSE) DE PÂTE DE DATTES (VOIR P. 25)

1 C. À SOUPE DE NECTAR D'AGAVE

1/8 C. À CAFÉ (1/8 C. À THÉ) DE SEL DE MER

30 G (1/4 TASSE) DE POUDRE DE CACAO

1/4 C. À CAFÉ (1/4 C. À THÉ) D'ESSENCE DE VANILLE SANS ALCOOL

Au robot culinaire, réduire les noix du Brésil et la moitié de la noix de coco râpée en un beurre, le plus crémeux possible.

Ajouter tous les autres ingrédients et mélanger pendant quelques minutes. On veut un mélange uniforme, mais non liquide.

Verser ce mélange dans un bol et incorporer, à la main, le reste de la noix de coco râpée. Il s'agit de bien malaxer le tout pour obtenir une pâte noire, collante et très malléable.

Avec une cuillère à glace ou une cuillère à melon, former des boules de 2,5 cm (1 po) de diamètre. Les rouler entre les paumes de la main pour faire de beaux macarons bien ronds.

Se conserve 1 mois au réfrigérateur, dans un contenant hermétique, ou 4 mois au congélateur.

216

Bananasplit

225 G (1 1/2 TASSE) DE DATTES ENTIÈRES, DÉNOYAUTÉES

330 G (3 TASSES) DE PACANES

220 G (3/4 TASSE) DE PÂTE DE DATTES (VOIR P. 25)

90 G (3/4 TASSE) DE POUDRE DE CACAO

1 1/2 C. À CAFÉ (1 1/2 C. À THÉ) D'ESSENCE DE VANILLE SANS ALCOOL

1/8 C. À CAFÉ (1/8 C. À THÉ) DE SEL DE MER

1 RECETTE DE GLAÇAGE AU CHOCOLAT (VOIR CI-DESSOUS)

Brownie

PRÉPARATION 25 MINUTES
PORTIONS 10
USTENSILES ROBOT CULINAIRE, DÉSHYDRATEUR OU CUISINIÈRE, MIXEUR

Couper les dattes au couteau pour s'assurer qu'elles ne contiennent pas de noyau. Ensuite, hacher les dattes grossièrement en les passant brièvement au robot culinaire. Réserver dans un grand bol.

Hacher grossièrement les pacanes au robot culinaire. Les ajouter aux dattes hachées. Incorporer tous les autres ingrédients et mélanger à la main pour obtenir une pâte épaisse et uniforme.

Répartir ce mélange dans un petit moule à gâteau carré de 20 cm (8 po). Bien égaliser à l'aide d'une spatule.

Préparer le glaçage ci-dessous.

---

60 ML (1/4 TASSE) D'HUILE DE NOIX DE COCO FONDUE

1 C. À SOUPE D'EAU

30 G (1/4 TASSE) DE POUDRE DE CACAO

60 ML (1/4 TASSE) DE NECTAR D'AGAVE

1/2 C. À CAFÉ (1/2 C. À THÉ) D'ESSENCE DE VANILLE SANS ALCOOL

1/8 C. À CAFÉ (1/8 C. À THÉ) DE SEL DE MER

Glaçage au chocolat

Faire fondre l'huile de noix de coco au déshydrateur ou sur la cuisinière au bain-marie.

Réduire tous les autres ingrédients du glaçage au mixeur jusqu'à l'obtention d'une crème uniforme. Ajouter l'huile de noix de coco fondue et mélanger jusqu'à ce qu'elle soit bien incorporée.

Répartir uniformément ce glaçage sur le brownie.

Mettre au réfrigérateur pour 1 heure afin que le glaçage prenne.

Se conserve 2 semaines au réfrigérateur, dans un contenant hermétique, ou 4 mois au congélateur.

---

1 BANANE

1 MORCEAU DE BROWNIE (VOIR CI-DESSUS)

2 BOULES DE CRÈME GLACÉE À LA VANILLE (VOIR P. 215)

2 C. À CAFÉ (2 C. À THÉ) DE MACARAMEL (VOIR CI-CONTRE)

2 C. À CAFÉ (2 C. À THÉ) DE COULIS DE FRAMBOISES (VOIR P. 190)

1 C. À CAFÉ (1 C. À THÉ) DE POUDRE DE CACAO

3 FEUILLES DE MENTHE

Bananasplit

PRÉPARATION 5 MINUTES
DONNE 1 BANANA SPLIT

Couper la banane en quatre : en deux sur la longueur, puis en deux sur la largeur. Couper la part de brownie en huit : en deux sur la longueur, puis en deux sur la largeur, et enfin en diagonale.

Répartir dans l'assiette de service les morceaux de banane et de brownie, puis les deux boules de crème glacée.

Étaler le macaramel et le coulis de framboises sur tous les ingrédients de l'assiette. Saupoudrer le tout de poudre de cacao et décorer avec les feuilles de menthe.

Manger frais.

40 G (1/4 TASSE) DE NOIX DE MACADAMIA

1 C. À SOUPE DE LÉCITHINE DE TOURNESOL (OU
DE LÉCITHINE DE SOYA)

1 C. À SOUPE DE MACA

2 C. À SOUPE D'EAU

175 ML (3/4 TASSE) DE NECTAR D'AGAVE

1 C. À CAFÉ (I C. À THÉ) D'ESSENCE DE VANILLE
SANS ALCOOL

1/8 C. À CAFÉ (1/8 C. À THÉ) SEL DE MER

Macaramel

PRÉPARATION 5 MINUTES
DONNE 375 ML (1 ½ TASSE)
USTENSILE MIXEUR

Broyer tous les ingrédients au mixeur jusqu'à l'obtention d'un caramel lisse et crémeux.

Mettre au réfrigérateur au moins 30 minutes pour un caramel onctueux, 3 heures pour un caramel épais et collant.

Se conserve 3 semaines au réfrigérateur dans un contenant hermétique.

Brioche à la cannelle

TREMPAGE **AU MOINS 15 MINUTES**
PRÉPARATION **25 MINUTES**
DÉSHYDRATATION **8 HEURES**
PORTIONS 16
USTENSILES ROBOT CULINAIRE, MIXEUR, DÉSHYDRATEUR, FEUILLE TEFLEX

COULIS DE CARAMEL

40 G (1/4 TASSE) D'ABRICOTS SECS, COUPÉS EN MORCEAUX

60 ML (1/4 TASSE) D'EAU

65 G (1/4 TASSE) DE PÂTE DE DATTES (VOIR P. 25)

1/2 C. À SOUPE DE JUS DE GINGEMBRE OU 1 C. À SOUPE DE GINGEMBRE, RÂPÉ FIN

1/2 C. À SOUPE DE JUS DE CITRON

60 ML (1/4 TASSE) DE NECTAR D'AGAVE

1 C. À CAFÉ (1 C. À THÉ) DE SEL DE MER

BISCUIT

250 ML (1 TASSE) D'EAU

45 G (1/2 TASSE) DE NOIX DE COCO RÂPÉE

150 G (1 TASSE) D'AMANDES, HACHÉES AU ROBOT CULINAIRE

230 G (2 TASSES) D'AMANDES MOULUES

60 G (1/2 TASSE) DE GRAINES DE LIN MOULUES

200 G (3/4 TASSE) DE PÂTE DE DATTES (VOIR P. 25)

2 C. À CAFÉ (2 C. À THÉ) D'ESSENCE DE VANILLE SANS ALCOOL

1 C. À SOUPE DE CANNELLE MOULUE

1 C. À CAFÉ (1 C. À THÉ) DE SEL DE MER

30 G (1/4 TASSE) DE RAISINS DE CORINTHE SECS

Coulis de caramel
Faire tremper les abricots secs dans 60 ml (1/4 tasse) d'eau pendant au moins 15 minutes.

Au mixeur, mélanger les abricots et leur eau de trempage avec tous les autres ingrédients du coulis. Réduire pour obtenir une belle sauce. Réserver 125 ml (1/2 tasse) de ce coulis au réfrigérateur (il servira à la décoration).

Biscuit
Au mixeur, faire un lait avec la noix de coco râpée et l'eau (voir la section «Techniques», à la p. 20). Réserver 125 ml (1/2 tasse) de ce lait.

Dans un bol, mélanger à la main la moitié des amandes hachées avec les amandes moulues, les graines de lin moulues, la pâte de dattes, l'essence de vanille, la cannelle et le sel.

Ajouter progressivement 125 ml (1/2 tasse) de lait de coco à ce mélange afin d'obtenir une pâte collante.

Étaler la pâte obtenue sur toute la largeur d'une feuille Teflex, mais sur les trois quarts seulement de la hauteur. Répartir le reste des amandes hachées et les raisins de Corinthe sur cette pâte. Verser le coulis au caramel sur la moitié de la pâte.

Rouler comme une bûche de Noël à partir du bas. Au besoin, utiliser une spatule pour décoller le mélange.

Mettre au déshydrateur à 40 °C (105 °F) pour 1 heure. Retourner le rouleau et le déposer sur une grille. Laisser déshydrater encore 1 heure à la même température.

Couper le rouleau en 16 tranches. Coucher les tranches sur deux grilles du déshydrateur et poursuivre la déshydratation à la même température pendant encore 6 heures.

Servir avec la crème anglaise (voir ci-contre) et décorer de lignes de coulis de caramel.

Se conserve 2 semaines au réfrigérateur dans un contenant hermétique.

1 C. À SOUPE D'HUILE DE NOIX
DE COCO FONDUE

25 G (1/4 TASSE) DE NOIX DE GRENOBLE

35 G (1/4 TASSE) DE NOIX DU BRÉSIL

1/2 C. À CAFÉ (1/2 C. À THÉ) DE JUS DE CITRON

40 G (1/4 TASSE) DE NOIX DE CAJOU

2 C. À SOUPE DE NECTAR D'AGAVE

1/2 C. À CAFÉ (1/2 C. À THÉ) D'ESSENCE
DE VANILLE SANS ALCOOL

190 ML (3/4 TASSE) D'EAU

1/8 C. À CAFÉ (1/8 C. À THÉ) DE NOIX DE
MUSCADE MOULUE

1/8 C. À CAFÉ (1/8 C. À THÉ) DE SEL DE MER

Crème anglaise

PRÉPARATION 5 MINUTES
DONNE 500 ML (2 TASSES)
USTENSILE MIXEUR

Mettre tous les ingrédients au mixeur, sauf l'huile de noix de coco fondue, et réduire en une crème uniforme et lisse.

Pendant que le mixeur tourne, incorporer l'huile de noix de coco fondue.

Laisser épaissir au moins 30 minutes au réfrigérateur avant de servir.

Se conserve 2 semaines au réfrigérateur dans un contenant hermétique.

Remerciements

Ce livre n'aurait pas vu le jour sans l'aide et la contribution inspirée de bien des membres de Crudessence. Nous tenons à remercier l'équipe au grand complet, nos clients fidèles, qui demandent ce livre depuis plusieurs années, ainsi que les Éditions de l'Homme, qui ont osé sortir des sentiers battus.

Un merci bien particulier aux personnes suivantes :

Maxime Lehmann, pour avoir rédigé les recettes en langage compréhensible et pour avoir passé plus de temps sur le projet que nous-mêmes ;

Stéphanie Audet, pour son incarnation vivante de notre philosophie et pour ses talents culinaires surdéveloppés ;

Solène Thouin, pour avoir essayé toutes les recettes dans le confort de sa maison ;

Xavier Guérin, pour sa spontanéité artistique en décoration d'assiettes ;

Marta Menes, pour ses recettes et son accent espagnol ;

Barry Pall, pour sa franchise, ses recettes et son penchant mexicain ;

Julian Giacomelli, pour son dévouement total ;

Yanik Karch, Mathieu Rivet, Maya Pierre, Laura Pasichnyk, Chantal Côté, Géraldine Sauvignet, Katharina Pitczuk et Dawn Mauricio, pour avoir agrémenté les plats de leur profil.

Index des recettes

BASES
Jus de gingembre 25
Pâte de dattes 25
Purée d'ail 25
Sarrasin germé 25

BOISSONS
Chaï au reishi 36
Chocolat chaud 37
Élixir beebuzz 35
Élixir inner jazz 34
Jus absolu 32
Jus red lips 33
Jus vert dur 32
Jus Hippocrate 33
Kombu mojito 37
Lait chanvré à la vanille 28
Lait d'amandes pur 28
Lait du Brésil au goji 29
Lhassi à la pêche 35
Power smoothie 31
Smoothie doux-vert 31
Smoothie La belle verte 30
Smoothie Loco Local 30
Smoothie Macao 29
Smoothie Fruit'alors 34
Tisane nutritive 36

SOUPES
Bortch à la Cru 45
Bouillon de soupe miso 44
Crème de champignons 46
Crème de tomates 41
Gazpacho 50
Kale soupe 49
Oignons confits pour Soupe à l'oignon 43
Soupe à l'oignon 43
Soupe carottes et cari 42
Soupe maelström 51
Soupe miso 44
Soupe musquée à la coriandre 48
Soupe tonkinoise 47
Velouté d'épinards aux pistaches 40

SALADES
Concombre à l'Annette 73
Confit de figues et d'abricots au citron vert 60
Croûtons 65
Féta coco Brésil 67
Fleur de taboulé 57
Rémoulade 73
Salade aztèque 81
Salade Bloody César 74
Salade César 65
Salade crémeuse 63
Salade Crudessence 82
Salade fouillis orange 77
Salade fruitée 60
Salade grecque et féta 66
Salade kale de Noël 55
Salade lumen 79
Salade Madras 68
Salade polynésienne 71
Salade Waldorf 58
Sauce César 65
Sauce chipotle 81
Sauce indienne crémeuse 68
Vinaigrecque 66

Vinaigrette Asia 71
Vinaigrette moutarde-agave 63
Vinaigrette uméboshi 60

PÂTÉS
Fromage ricotta de macadamia 89
Pâté forestier 92
Pâté houmous soleil 86
Pâté oaxaca 90
Pâté photon 91
Pesto de pistaches au basilic 93
Tapenade aux olives Kalamata 88
Terrine de pacanes à l'aneth 87

FERMENTATION
Choucroute 103
Fromage de noix de cajou 97
Kéfir 99
Kimchee 104
Kombucha 100
Yogourt de noix 107

DÉSHYDRATATION
Boulettes sin carne 110
Buddha nuts 125
Chapatis 119
Chips de kale 120
Craquelins à la betterave 121
Craquelins aux tomates séchées 122
Crêpes salées 117
Crêpes sucrées 116
Croûtes à pizza 115
Falafels vivants 111
Granola canneberge gingembre 123
Granola pomme et cannelle 123
Nachos 113
Pains à l'oignon 114
Pain méditerranéen aux amandes 118
Sufi nuts 124
Tortilla 112

ENTRÉES
Bombes au pesto 149
Bouchées de sushis 22
Brushetta Olivetta 137
Capuchons de champignons 135
Endives farcies 147
Marinade pour champignons 135
Nigiris de chou-fleur 144
Pâté au cari 130
Raviolis de betterave 129
Roulade de ricotta 138
Rouleau au fromage 140
Rouleaux printaniers au végépâté 132
Sauce au chanvre 147
Sushis au cari 130
Tacos de lechuga 150
Tagliatelles au pesto 143
Tour de tomates guacamole 153
Végépâté 133
Vinaigrette balsamique à la framboise 129
Vinaigrette fat free Tibet 132

PLATS PRINCIPAUX
Aïoli aux câpres 166
Bacon d'aubergine 166
BLT 166
Boulettes de burgers 162

Brochette terriyaki 185
Cannellonis aux champignons 172
Champignons dégorgés 172
Champignons marinés 180
Champignons sautés 174
Coulis de tomates 172
Crème fraîche 177
Crêpes botaniques 179
Crêpes florentines 179
Croûte à quichette 159
Croûte à tourte 175
Crumesan 161
Don Quichette 159
Ketchup 169
Lasagne pura vida 160
Légumes marinés 179
Moutarde maison 162
ÔM burger 162
Pad Thaï 183
Pâté chinois 168
Pizza jour 157
Pizza nuit 157
Portobellos à la ricotta d'épinards 165
Quinoa cuit! 171
Salsa 177
Sauce aux tomates séchées 160
Sauce pad thaï 183
Sauce terriyaki à l'orange 185
Spaghettis au pesto 180
Tacos suprêmes 177
Tourte aux épinards 174
Viande de lentilles 168
Wrap d'exception au chipotle 171

DESSERTS
Bananasplit 218
Biscuits au macadam 189
Brioche à la cannelle 220
Brownie 218
Carré aux dattes 209
Chocolat noir 211
Coco macamaca 189
Coulis de caramel 220
Coulis de framboises 190
Crème anglaise 221
Crème glacée à la vanille 215
Crème molle à la banane 215
Croûte aux figues épicées 200
Croûte coco-macadamia 192
Croûte coco-pacanes 197
Croûte croquante 199
Croûte noir désir 204
Croûte pour carré aux dattes 209
Gâteau aux carottes 203
Gâteau faux-mage 200
Gâteau noir désir 204
Glaçage au chocolat 218
Macaramel 219
Macarons au cacao 216
Mousse au chocolat 190
Nougat noir 212
Tarte au sucre 197
Tarte aux fruits de saison 199
Tarte choco-banane 192
Tarte limes des îles 195
Tiramisu 206
Zouzou goji abricot coco 216

Crudessence vous propose de découvrir une nouvelle et délicieuse manière de faire la cuisine. Végétalienne et sans gluten, l'alimentation vivante ne comporte aucune cuisson pour obtenir des plats savoureux au fort pouvoir nutritif et détoxifiant. Au menu : terrine de pacanes à l'aneth, velouté d'épinards aux pistaches, salade aztèque, tarte limes des îles... et une grande variété de mets qui feront de chaque repas un moment de plaisir. Vous trouverez également dans ce livre de nombreuses recettes de pains, d'encas et de boissons vivifiantes qui vous aideront à maintenir un haut niveau d'énergie tout au long de la journée.

Autodidacte érudit de la nutrition, chef en alimentation vivante et thérapeute en shiatsu, **DAVID CÔTÉ** *est cofondateur et président de Crudessence. Il est aussi professeur à l'Académie de l'alimentation vivante.*

Cuisinier inspiré, mais aussi professeur de yoga et de méditation, **MATHIEU GALLANT** *est cofondateur de Crudessence et directeur de l'Académie de l'alimentation vivante.*

ISBN : 978-27619-3168-7

Groupe Livre
Quebecor Media